“十一五”国家科技支撑计划重点项目

“国家重点领域认证认可推进工程”成果系列丛书

“社会责任”系列

劳动密集型企业社会责任核心要素及其评价

上海质量管理科学研究院　编著

中国质检出版社
中国标准出版社
北京

图书在版编目(CIP)数据

劳动密集型企业社会责任核心要素及其评价/上海质量管理科学研究院编著.—北京:中国标准出版社,2012
ISBN 978-7-5066-5896-6

Ⅰ.①劳… Ⅱ.①上… Ⅲ.①劳动密集型产业-企业责任:社会责任-研究 Ⅳ.①F270

中国版本图书馆 CIP 数据核字(2012)第 028541 号

中国质检出版社
中国标准出版社 出版发行
北京市朝阳区和平里西街甲 2 号(100013)
北京市西城区三里河北街 16 号(100045)
网址:www.spc.net.cn
总编室:(010)64275323 发行中心:(010)51780235
读者服务部:(010)68523946
中国标准出版社秦皇岛印刷厂印刷
各地新华书店经销
*
开本 787×1092 1/16 印张 8.5 字数 197 千字
2012 年 5 月第一版 2012 年 5 月第一次印刷
*
定价 29.00 元

项目领导协调组

孙大伟（组长） 王晓方（副组长）
武津生（副组长）
秦　勇　田　壮　车文毅　王大宁　谢　军
顾基平　刘卫军

项目专家顾问组

王凤清（组长） 王以铭（副组长）
徐建中　左铁镛　徐滨士　郭孔辉　郭重庆
沈昌祥　曾　毅　魏复盛　郎志正　刘卓慧
房　庆　宿忠民　魏克佳　谢光辉　孙　柽
董惠琴

项目总体组

许增德（组长）
秦海岩　刘尊文　王克娇　邓　绩　张军民
胡　啸　戴云徽　宋桂兰　李怀林　唐晓芬

项目管理办公室

赵　静　岳　宁　葛红梅　贺　婧　曹　鹏　徐　睿

《“十一五”国家科技支撑计划重点项目
“国家重点领域认证认可推进工程”成果系列丛书》

编 委 会

《劳动密集型企业社会责任核心要素及其评价》

主 编 唐晓芬

副主编 邓 绩 金国强

丛书前言

本套丛书基于“十一五”国家科技支撑计划重点项目“国家重点领域认证认可推进工程”(项目编号:2008BAK42B00)的系列研究成果编写而成。

该项目的组织单位为国家质量监督检验检疫总局和国家认证认可监督管理委员会,起止时间为2008年1月至2010年12月。项目主要内容为:基于“十五”国家科技攻关重点项目“认证认可关键技术研究与示范”的研究基础,立足当前认证认可工作实际,着眼《国家中长期科学和技术发展规划纲要》需求,聚焦在能源和环境、农业、信息产业与现代服务业、公共安全及其他社会事业等关系国计民生和国家安全的重点领域,加强认证认可关键技术研究和示范,开发一批适合我国认证认可特点的技术规范和服务技术平台,推进这些重点领域认证认可制度的建立和实施。

根据2009年1月国家科技部正式批准下达的计划任务,该项目共设立10个课题:《重点节能工程节能量评价关键技术研究与应用》、《造纸行业典型产品LCA分析及Ⅲ型环境标志认证技术研究》、《汽车发动机和轮胎产品再制造过程质量控制与评价技术研究》、《高新工业园区生态效率评价技术研究》、《中国良好农业规范关键点分级及符合性验证技术研究与示范》、《信息安全产品认证关键技术研究》、《服务质量评价技术研究及其在公共服务领域的应用》、《生物安全四级和移动式三级实验室认可关键技术研究》、《化学品毒性检测实验室安全评价与质量控制技术研究》、《劳动密集型企业社会责任核心要素及其基准研究》。

目前,该项目已陆续并将继续形成一批研究成果。为了系统地总结、宣传和推广这些研究成果,项目管理办公室组织各课题承担单位对研究成果进行整理,编写出版本套系列丛书。丛书分为5个系列,所包括的书名具体如下:

“资源节约”系列：

——《节能量认证关键技术与应用》；

——《生命周期评价与Ⅲ型环境标志认证》；

——《装备再制造工程》。

“农业发展”系列：

——《奶牛良好农业规范生产技术指南》；

——《苹果良好农业规范生产技术指南》。

“公共安全”系列：

——《生物安全四级实验室安全管理指南》；

——《移动式 BSL-3 实验室安全管理指南》；

——《化学品安全评价良好实验室规范(GLP)实施概论》；

——《良好实验室规范(GLP)国家标准理解与应用》。

“服务质量”系列：

——《服务质量评价理论与方法》；

——《汽车维修服务质量评价与服务认证》；

——《物业管理服务质量评价与服务认证》；

——《医疗服务质量评价与服务认证》。

“社会责任”系列：

——《劳动密集型企业社会责任核心要素及其评价》；

——《企业社会责任的履行与评价》。

考虑到项目研究时间有限，而且有关研究仍需要继续深化进行，所以本套系列丛书难免会有不足和尚需完善的地方，欢迎读者提出宝贵意见。

《“十一五”国家科技支撑计划重点项目
“国家重点领域认证认可推进工程”成果系列丛书》编委会

2009 年 7 月 21 日

本书序言

履行社会责任，促进和谐发展，已经成为实施可持续发展的关键之一，成为一个国家和地区社会文明进步的综合体现。企业社会责任，正在从一种企业经营理念发展到社会各界对企业的殷切期望和广泛要求，并越来越引起政府、企业和全社会的普遍关注。

当前，上海正在加快推进“四个率先”，努力建设“四个中心”和社会主义现代化国际大都市，在这个进程中，更加需要广大企业树立科学的社会责任观，健全社会责任管理体系，落实工作责任，将社会责任理念融入企业各项工作中；更加需要我们的行业协会和中介组织积极推进企业社会责任体系，提供有效的技术服务支持，促进企业社会责任建设发展。

可喜的是，上海质量管理科学研究院在承担“十一五”国家科技支撑计划课题《劳动密集型企业社会责任核心要素及其基准研究》中，开展了大量的理论研究和实践探索，并将这些宝贵的研究成果不断凝练，浓缩成了这本《劳动密集型企业社会责任核心要素及其评价》一书。

该书深入浅出地介绍了国内外企业履行社会责任的实践及其成功经验，探讨了企业社会责任概念的内涵与理解，并分别从顾客、环境、员工、合作伙伴、社区、投资方六大主要利益相关方出发，阐述了企业履行社会责任的基本要求。特别是，该书还创新地提出了“企业社会责任指数评价模型”，为企业和(或)第三方评价机构提供了简捷、方便、准确的评价方法。书中还通过四个来自不同性质、不同产业、不同规模的企业案例，用鲜活的语言讲述了国有、合资、先进制造业、现代服务业、劳动密集型、高新技术型等不同性质、不同产业、不同类型的企业在社会责任实践方面的真实故事，为读者和广大企业提供了生动的参照对象。

全书很好地平衡了理论研究和实证探索，行文流畅，紧扣主题、层层深入，读完给人一种清新之感。众擎易举，众志成城，我相信，此书的出版，对于广大有意愿积极履行社会责任的企业，一定会发挥巨大的指导意义和参考价值。

让我们以此书出版为契机，共同开启“企业社会责任”实践工作的新纪元，共同推进上海乃至中国企业社会责任事业的蓬勃发展。是为序。

上海市副市长

胡延照

2011年6月25日

本书前言

随着经济全球化的发展，企业经营超越了国界，质量、安全和环境风险对社会的影响不断扩大。因此，企业在创造财富的同时，切实承担社会责任，是社会发展的必然趋势，也是广大企业的共同选择。

2008年，国家科技部在“十一五”科技支撑计划项目“国家重点领域认证认可推进工程”中，设立了“劳动密集型企业社会责任核心要素及其基准研究”课题，由上海质量管理科学研究院承担。旨在以劳动密集型企业为重点研究对象，制定企业社会责任标准并进行认证示范。

三年多来，在国家质检总局、国家认监委的直接领导下，在上海、广东、江苏出入境检验检疫局，山东、上海质监局等有关部门领导的大力支持下，在中国认证认可协会、中国质量认证中心、中国计量学院、上海质量体系审核中心的紧密配合下，课题组开展了理论探索和实证研究，制定了“劳动密集型企业社会责任”和“企业社会责任”等标准，并进行了企业社会示范实践和试点工作。

在课题研究取得初步成果的基础上，上海质量管理科学研究院会同上海市经济团体联合会、上海市企业联合会、上海进出口商会和上海市质量协会，于2010年4月15日举办了“上海企业社会责任论坛”，500多家企业参会并总结交流了履行企业社会责任的实践和体会。广大企业的成功经验证明，企业切实履行社会责任对落实科学发展观、对推动进出口贸易、对节能减排、对建立和谐的劳资关系具有重要意义。

本书是《“十一五”国家科技支撑计划重点项目“国家重点领域认证认可推进工程”成果系列丛书》之一，上海市副市长胡延照同志为本书作序，中国工程院院士刘源张、北京理工大学郎志正教授一直关注本课题的研究和进展，提出了重要意见。广东东莞、山东潍坊、浙江永康、上海进出口企业等企业社会责任推进工作示范基地为企业社会责任的宣传和试点做出了积极贡献。上海日立电器股份有限公司、上海大河针织有限公司、上海投资咨询公司、上海电气电站设备有限公司上海汽轮机厂、上海德律风物业有限公司等单位为本书提供了生动的实证资料。在此,课题组对课题研究和本书编写提供宝贵支持的领导和同志表示衷心感谢和崇高敬意。

上海质量管理科学研究院院长

唐晓芬

2011年8月6日

目　录

第一章 概　述

近年来，企业社会责任(Corporate Social Responsibility，CSR)已经成为一个国际热门话题，推动企业积极履行社会责任，已经成为国内外从政府到民间的普遍共识和发展趋势。

现阶段我国企业社会责任正面临严峻挑战，特别是对于我国劳动密集型企业而言，随着外向型经济的快速发展，越来越多的出口加工企业正在面临来自国际采购方日益严格的社会责任准入要求。但是，由于国内目前尚未形成企业社会责任的国家标准，国内认证机构尚未在此领域开展相关认证工作，导致众多的劳动密集型出口企业为满足跨国采购商要求，不得不纷纷转向国外认证机构，或被迫接受频繁的客户验厂，严重制约了我国外贸出口的发展，同时也极大地影响了国内认证认可事业的发展。

那么，到底什么是社会责任？什么是企业社会责任？对于劳动密集型企业而言，它们在履行社会责任方面有何不同之处？它们应该履行哪些最基本的社会责任等，本章将对上述问题做一深入探讨。

第一节 社 会 责 任

在中西方文化传统中，有关社会责任的思想源远流长。早在两千多年前的春秋时代，与社会责任相关的思想就已经在中国萌芽。例如，孔子在《论语・里仁篇》中提出："君子喻于义，小人喻于利。"孟子在《孟子・尽心上》中提到："穷则独善其身，达则兼济天下"，可以看做是古人对承担社会责任的最朴素的表达。希腊时代的德谟克利特认为，公共利益是责任的基础，只有以公众利益为出发点，公正行事，才能成为负责的人。柏拉图认为，由于天赋不同，每个人在对国家职责中担当了不同的角色，个人应该依据自己的角色做适合于自己的工作，担负起各自的责任，才能使整个城邦公正、和谐。这些最初的社会责任思想萌芽，为今日包括企业在内的各类组织如何履行社会责任，奠定了源远流长的文化底蕴。

对于组织而言，"社会"和"责任"具有多重含义，从而也导致人们对组织的社会责任的理解呈现多样性。下面，我们首先从"社会"和"责任"的基本概念内涵出发，对"社会责任"的概念内涵进行深入分析。

一、对"社会"的诠释

对比既往有关社会责任的各种概念，可以看出，产生概念分歧的一个主要根源就在于对"社会"一词的理解不同。例如，有的学者把"社会"理解为形容词，把"社会"视为责任的性质，把"社会责任"理解成是非经济的、非金钱的责任，从而与经济责任、法律责任、道德责任相并列而言。基于这一认知，学者们还进一步考究了社会责任与他种责任的区别。

第二种视角是把"社会"理解成责任的客体或对象，认为组织在运作过程中，必须处理好与其他社会成员之间的利益分配关系，组织的社会责任源于组织运作过程中与其他社会成员之间的利益冲突和摩擦调整。

从词源上看,“社会”一词源自拉丁语“socialis”,原意为联盟伙伴。在中世纪,“社会”等同于“政治”。18～19世纪以后,以卢梭的《社会契约论》为标志,社会与政治(或国家)开始分离,成为独立的领域,“社会”一词开始与工业化产生的社会后果和问题以及早期资本主义联系在一起,同时产生的新词语还有社会运动、社会组织、社会革命、社会公正、社会福利政策、社会福利国家等。

作为历史唯物主义的创立者,马克思极其深刻地意识到“社会”对于“历史科学”的奠基作用,并非常科学客观地对“社会”进行了阐述。马克思认为:“人是一切社会关系的总和,是一个具体的历史范畴”。“社会不是由个人构成,而是这些人彼此发生的那些联系和关系的总和”。社会是一个起源于物质生产过程的具体历史范畴,人们在生产物品的同时,也生产他们之间的关系,这些生产关系总合起来就构成为所谓的社会关系,构成为所谓的“社会”,并且是构成为一个处于一定历史阶段上的社会,具有独特特征的社会。作为一种最高级的存在形式,社会是从自然界中逐步发展出来的,人口、地理环境和能源等构成了社会赖以生存和发展的不可或缺的自然物质基础,但它们并不构成社会存在的实质内容。

根据马克思对“社会”概念的理解,“社会”指的是一切社会关系的总和,是一个关系性的存在。那么,对于包括企业在内的各种组织而言,它们所面对的社会是什么呢?我们认为,广义而言,组织所面对的社会是一个宽泛的社会关系的总和,包括人类社会、资源环境、动植物等,这些存在都或多或少、或直接或间接地与组织的活动联系在一起。狭义而言,组织所面对的社会就是它的利益相关方(stakeholder),是与组织运作活动存在利益关系的个人或群体。

那么,什么是组织的利益相关方?组织的利益相关方主要包括谁?最早提出“利益相关方”概念的经济学家安索夫(Ansoff)认为:要制定理想的组织目标,必须综合考虑诸多利益相关方之间相互冲突的索取权,他们可能包括管理人员、员工、股东,供应商以及顾客。弗里曼(Freeman,1984)将利益相关方定义为“影响组织目标的实现或受组织目标实现所影响的组织或个人”。2010年,在ISO组织发布的《社会责任 指南》(ISO 26000,DIS版)中对“利益相关方”的界定是:与组织的任何活动或决策有利益关系的个人或群体。这一定义概括了利益相关方的主要特征:1)与组织存在利益关系;2)既可以是个人,也可以是一个群体;3)既可能受到组织决策与活动的影响,也有可能影响组织的决策与活动。

正是基于对利益相关方的考虑,ISO 26000标准在其核心主题与指南中,提出了组织治理、人权、劳工实践、环境、公平运营实践、消费者问题、社区参与和发展八个方面,涉及投资方、员工、环境、合作伙伴、消费者、社区和社会等主要相关方。

二、对“责任”的诠释

对“责任”一词的不同理解是造成“社会责任”概念多义的又一根源。“责任”一词被广泛用于法学、伦理学、社会学、管理学等领域,人们从不同的侧面,在不同意义上使用“责任”这一概念,从而造成了“责任”一词的多义性。

在现代汉语中,“责任”主要有三重含义:其一,使人担当起某种职务和职责;其二,份内应做之事;其三,做不好份内应做的事,因而应承担的过失。第一重涵义把“责任”作为复合词,大都见于古代汉语中。现代汉语中的“责任”是从古代汉语中的“责”发展而来的,一般是指第二和第三重涵义，即“责任”是指份内应做之事或因做不好份内应做之事而应承担的过失。

在这里的“份内之事”是指与自已所扮演的社会角色相适应的行为，在社会中的角色不一样，责任主体的份内之事也有所不同，责任的具体内涵也就有区别。换言之，责任主体的社会角色有分别，适用的社会规范就不一样，而社会规范的层次及其调整社会关系的范围、对象、方式和手段不同，责任的性质也就有差异，如经济责任、社会责任、法律责任、道德责任等。具体到组织而言，面对不同的相关方，组织所扮演的社会角色有所不同，社会对组织的理性行为预期也不同，如果组织没有做好这些份内之事，则应受到谴责和制裁，将被迫接受社会处置。

从法学角度看，“责任”一词包含两方面的语义：一是关系责任，一是方式责任。前者指一方主体基于他方主体的某种关系而负有的责任，这种责任实际上就是义务；后者为负有关系责任的主体不履行其关系责任所应承担的否定性后果。

在英文中，表示“责任”的词是“responsibility”，该词是从 respond 一步一步发展而来的。respond 是一个动词，意思是“回答问题”，然后从 respond 发展为 response，演变为名词，意思是响应、回应。从 response 又发展出 responsive，作为形容词表示“回答的”，如果人们想说“这一句话带有回答问题的性质”，就可以用 responsive 表示。从 response 又可以发展成另一个形容词 responsible，意思是“能够做出回答的”，或“必须做出回答的”。在 responsible 后面加上介词“to”，就是对谁提出的问题必须做出回答，如果加上介词“for”，则表示要为怎样的事必须做出回答，于是就引申出“责任”的概念，即：对谁提出的问题必须回答就是对谁负有责任，为什么事情必须做出回答就是要为什么事情负责。再进一步，在 responsible 后面加上 ty，就从形容词演变为名词“responsibility”，这就是现在所讨论的“责任”。

德国经济伦理学者乔治·恩德勒主编的《经济伦理学大辞典》中，对“责任”条款作了较详细的规定与阐释。他认为：责任的归属以行为者、行为及双方之间的一些特性为前提，主要表现如下：行为者的特性是行为者必须有责任能力，而此种责任能力以行为主体意志自由为前提。行为的特性表现为遵循或违反道德规范都属于责任范围，而这种责任又包括三种情况：一是消极的义务，此义务要求行为不直接伤害他人；二是严格的积极义务，此义务要求履行已经承担的角色义务；三是广义的积极义务，此义务倡导行善。在此三种义务中，消极义务是普遍适用的，它表达了社会群体赖以生存的最低界限；在形式上，严格的积极义务也是普遍适用的，而它的内容则依据不同的文化与角色发生变化，并且受社会变迁的制约，严格的积极义务要求行动而不是单纯的不做；广义的积极义务不具有严格的约束力。从历史的角度看，责任不是上天的旨意，也不是主体的意愿，责任是人类社会为了生存，通过劳动与协作、并在劳动与协作过程中产生的，是人类为了交往在理性发展过程中产生的。

综合以上有关“责任”的中英文词义分析，我们将“责任”理解为：责任主体在扮演某种特定的社会角色过程中，理所当然应该做的事情或行为，包括因为没有做好这些份内事情而应该承担的补救行为。从责任的范畴看，具体可划分为法律责任、道德责任、经济责任、社会责任等，履行责任的层次上，可大体划分为必尽之责任、应尽之责任、愿尽之责任。

三、对"社会责任"的理解

根据上述对"社会"和"责任"概念的阐述，本书对"社会责任"给出如下定义：

社会责任是指责任主体为实现自身与社会的和谐共存与可持续发展，对其决策和活动给利益相关方所带来的影响而承担的份内应尽的义务。

上述定义包含了理解"社会责任"这一概念的几个要点：

(1) 履行社会责任的主体，既可以是个人，也可以是组织，包括企业、政府、非营利性组织等。

(2) 责任主体履行社会责任的客体是其决策和活动所涉及的利益相关方，对于企业而言，主要包括顾客、环境、员工、社区、合作伙伴和投资方。

(3) 责任主体履行社会责任的动力和目标是为了追求与社会的和谐共存和可持续发展。反过来，推动履行社会责任也已成为实现可持续发展的重要手段和基本途径。

(4) 该定义暗含了组织履行社会责任的主要内容。组织作为一种社会存在，在与其相关方交互活动过程中扮演着不同的角色，不同相关方受到组织决策和活动的影响不同，对组织责任行为的期望也不同，为此，组织需要系统识别自己的利益相关方，分析其需求和期望，在组织正常存续时间和空间范围内，始终充分考虑决策和活动对利益相关方的影响，统筹兼顾利益相关方的期望和自身可持续发展要求，追求经济、社会和环境的综合价值最大化。

(5) 该定义反映了责任主体履行社会责任的方式。在履行社会责任时，必须把对利益相关方和自然环境负责任的理念和行为，有机融入责任主体的任何决策和活动过程之中，将责任行为作为份内应尽的义务，作为日常经营活动中的有机组成部分来实施。

第二节 企业社会责任

1924年，欧利文·谢尔顿(Oliver Sheldon)在其著作"The Philosophy of Management"中，首次正式提出了"企业社会责任"的概念。从可查阅的资料获知，这是迄今为止对"企业社会责任"概念的最早描述。不过，对"企业社会责任"(Corporate Social Responsibility，CSR)问题的探讨，却是从企业诞生之日起，就与企业同在。由于不同历史时期企业在经济社会发展中的地位和作用不同，企业发展的境遇和主要矛盾不同，导致不同时期、不同国度、不同性质的企业，对企业社会责任的认识存在显著不同，相应的，有关企业社会责任概念的内涵，也是众说纷纭，层出不穷。

早在美国建国之初，托马斯·杰斐逊和亚历山大·汉密尔顿就曾对企业该不该履行社会责任问题进行过辩论。20世纪30年代以来，西方学术界针对这一概念先后发生了两次著名的论战，即19世纪30年代的"贝利—多德"论战和19世纪50年代的"贝利—曼恩"论战，对企业该不该履行社会责任，应该履行哪些社会责任等进行了激烈的争辩，充分反映出社会各界对这一概念的不同认知。不过，也正是在不断争辩、观点纷纭过程中，"企业社会责任"的概念才渐趋完善，并逐渐成为全球的共识。

一、"企业"的内涵及其与社会的关系

(一)"企业"的内涵

企业是社会的细胞,是向社会提供各种产品和服务的基本经济组织。人们的衣食住行、生老病死,以及人们所有器官能够体察到的,几乎所有的东西和事情无一不与企业有关。那么,到底何谓企业呢?

从经济学理论看,1937年,科斯发表了《企业的性质》(*The nature of the firm*),从交易费用的角度探讨了企业的起源与边界问题,认为企业和市场是相互替代的,当有些交易在企业内部进行比通过市场进行所花费的成本要低,即企业能够比市场节约交易费用时,企业就出现了。当在企业内组织交易的成本扩大到等于市场组织交易的成本时,企业与市场之间的边界也就划定了。

德鲁克认为,要想知道企业是什么,必须从理解企业为什么而存在开始,企业存在的唯一目的就是:创造顾客,即企业是为了企业以外的那些需要它的产品和服务的社会上的人群而产生、存在和发展的,并不是为了照顾投资人和在企业中工作的人们的愿望或利益而存在的。是顾客决定了企业是什么,因为只有顾客,通过其对商品或服务的购买,才能使经济资源转化为财富,物品转化为商品。

根据MBA智库百科,"企业"一般是指在社会化大生产条件下,从事生产、流通与服务等经济活动的营利性组织。"企"表示企图,"业"表示事业,企业顾名思义是企图事业,但专用于商业领域,表示企图冒险从事某项获取利润的事业。作为一种组织,企业是指"应用资本赚取利润的经济组织实体"。

2004年新修订的《公司法》中,将该法适用范围界定为"依照本法在中国境内设立的有限责任公司和股份有限公司",并明确指出:有限责任公司和股份有限公司是企业法人。

综合以上分析,本书将"企业"的范围界定为:从事产品生产、流通或服务性活动等实行独立核算的经济组织,从法律的角度看,凡是经合法登记注册、拥有固定地址而相对稳定的经营组织都属于企业。

(二)企业与社会的关系

德鲁克指出:"一个健康的企业和一个病态的社会是很难共存的。"这句话充分表达出企业与社会之间的相互作用、相互影响和相互渗透的关系,它们既受各自发展规律的制约又彼此产生交互作用,企业社会责任正体现于企业发展规律与社会发展规律及它们的交互作用之中。

1. 企业与社会是不可分割的有机体

作为市场主体的企业,其一切经营活动都不能游离于赖以生存和发展的社会体系,只有社会取得可持续的发展才能保证企业的可持续发展。海因茨·韦里克(Weihrieh. Heinz, 1993)和哈罗德·孔茨(Koontz. Harold, 1993)认为:"20世纪初,企业的使命纯属于经济行为,而今天,由于社会中许多集团在一定程度上的相互依存关系,企业更多地参与社会活动。"企业发展的目标在于企业自身利益的最大化,而社会发展的目标则在于社会成员共同福利水平的提高,诸如整个社会的生活质量、生活环境及人的发展条件的改善和提高等。

企业发展目标和社会发展目标是紧密联系的。企业的活动是以社会为背景，企业的利益就不能不受社会利益的约束，企业的目标就不能不受社会目标的约束。

2. 社会环境制约或促进企业的经营行为

企业的经营行为，作为一种社会经济活动，必然会受到社会和生态环境的影响。一个社会政治制度、政策法规、社会公众的态度、道德和伦理观念，以及包括科学技术和国家之间的竞争等社会因素，都能对企业的成本、价格和利润产生积极或消极的影响。所有想要不断发展的企业，都必须把如何处理好与社会和生态环境的关系放在重要的位置。

影响企业经济行为的社会环境主要包括政府决策、技术进步、自然生态、经济体制、文化氛围等。政府的决策包括政府针对企业的经济行为制定的各种法律法规、政府对企业的征税，以及政府为鼓励或限制企业的发展实施的各种措施，例如优惠政策或行业准入等。技术进步对企业的影响具有关键性和主导性作用，技术的进步能提高企业的产品质量或降低生产管理成本，但是技术的获得也需要一定的成本，如研发成本或技术购买成本，整个行业技术水平的提高也会对企业的技术水平产生积极的作用，因为此时存在一定的技术外溢现象。自然生态对企业的经济活动的影响可以说是基础性的，企业的存在和发展离不开赖以生存的自然环境，自然环境的变化会对企业产生积极或者消极的作用，良好的自然环境会吸引投资者对企业的投资，灾难性的自然气候会影响企业的原料供给或物流配送等。经济体制直接影响到整个国家宏观经济运行情况，并进而影响到企业的发展模式、经营行为和经济效率。文化氛围对企业经济活动的影响是潜移默化的，在企业的发展过程中起着一种“软约束”的作用，积极健康的文化将促使企业文化健康发展，优秀的企业文化也会直接影响企业员工的行为理念，由此促进生产效率的提升。

3. 企业的经营行为也将对社会产生巨大影响

企业的经营行为将对社会产生外部性影响。一方面是正的外部性，即边际社会收益大于边际私人收益，它为社会提供就业机会、收入来源、生产商品和提供服务，并投资于厂房、设备和新产品的开发等，这种正的外部性使得社会的整体福利状况有了改善，促使社会发展水平的提高。另一方面是负的外部性，即企业的边际私人成本小于边际社会成本。例如环境污染、危险的工作条件、伪劣产品、各种歧视性商业行为、违法或缺德的行为以及对社会政治和政府系统的冲击等。这种负的外部性，其实质是将企业成本的一部分转嫁到社会，并对社会生活的质量和可持续发展产生现实的和/或潜在的负面影响，这种企业利益和社会利益的冲突，客观上要求企业以承担在环境、资源方面的责任来服从社会目标。

二、对“企业社会责任”的理解

“企业社会责任”这一概念涉及三个组成部分，一是责任主体，即谁来承担社会责任；二是责任客体，即责任主体应该承担哪些社会责任；三是主客体之间的关系。

（一）履行企业社会责任的主体是企业管理者

在履责主体方面，企业是承担社会责任的主体，但具体代表企业活跃在前台的往往表现为股东、董事、监事、经理等当事人，因此，我们在谈及企业社会责任时，根据不同的情形，有时候指企业法人本身，有的时候是指实际控制企业运转的管理层和治理者。例如，现代企业尤其是大型股份有限公司的治理结构，采取的是所有权与经营管理权相分离的治理模式，企业的经营管理层，其中主要是董事会在事实上控制了公司的权力，因此，在现代大型股份有限公司中，往往是由董事会决定企业的对外行为，董事会的成员们就是实际履行企业社会责任的主体。

这里，有必要区分一下企业的社会责任和企业家的社会责任。两者虽然关系密切，但仍然存在本质的不同。

首先，企业与企业家是两个不同性质的概念。企业是一种组织，而企业家是自然人。企业社会责任不是一种个人责任，而是一种由组织承担的社会责任。企业家的社会责任是由于企业家的社会属性决定的，企业社会责任是企业与社会契约关系决定的。

其次，企业与企业家的关系决定两者的相互关系。企业与企业家的关系取决于企业的组织制度形态。从组织制度形态上来看，企业一般分为独资业主制、合伙制和公司制。对独资业主制企业和合伙制企业而言，企业家承担无限责任，所有权和经营权是统一的，企业全部利润归企业家所拥有。从这个意义上来说，企业家与企业存在很大的同构度，企业社会责任与企业家社会责任就难以清楚地划分。比如，企业对社区进行捐赠，在一定程度上就是企业家捐赠自己的财产。对公司制企业而言，公司以法人形态存在，其主要特点是：第一，不管资金的来源是资本、负债还是利润留成，企业的一切资产都归公司法人所有；第二，公司法人本身为债务人，并以全部资产对债权人负责；第三，公司的所有人即出资者对企业有出资的义务，其最大损失以出资额为限，这也就是所谓的"有限责任制度"。在公司制企业中，企业家的财产和企业财产是两种不同的概念，企业社会责任与企业家社会责任也就有本质的不同。

（二）企业履行社会责任的客体是其主要利益相关方

根据第一节中对"社会"和"社会责任"概念的阐述，责任主体履行社会责任的客体是其决策和活动所涉及的主要利益相关方。那么，对于企业而言，它所面对的利益相关方主要包括谁？

著名的利益相关方理论代表人物弗里曼（Freeman）在其《战略管理：利益相关方方法》中，运用利益相关方理论回答了企业的经营活动应该对谁承担社会责任的问题。在他看来，利益相关方是"能影响组织行为、决策、政策、活动或目标的人或团体，或者是受组织行为、决策、政策、活动或目标影响的人或团体"。弗里曼将企业的利益相关方划分为一级利益相关方和二级利益相关方。前者包括股东和投资方、员工、顾客、供应商、政府和社区，其中，政府和社区被认为是公共利益相关方，它们与企业的关系是：为企业提供基础设施和市场，而企业必须遵守法律和管制，并履行纳税和其他义务。二级利益相关方是那些影响企业或被企业影响，但却不与企业交易而且对企业的生存不起决定作用的群体。

也有学者对企业利益相关方的划分进行了分类和总结，主要有三种不同看法。第一种看法比较宽泛，认为凡是能影响企业活动或被企业活动所影响的人或团体都是利益相关方，股东、债权人、雇员、供应商、消费者、政府部门、相关的社会组织和社会团体、周边的社会成员等，全都可纳入此范畴。第二种看法认为，凡是与企业有直接关系的人或团体才是利益相关者。这种观点排除了政府部门、社会组织及社会团体、社会成员等。第三种看法对利益相关方的定义最窄，认为只有在公司中下了"赌注"的人或团体才是利益相关方。这一定义与主流经济学中的“资产专用性”概念相关，用主流经济学的语言重新表述，即凡是在企业中投入了专用性资产的人或团体才是企业的利益相关方。

借鉴西方学者，特别是弗里曼有关一级利益相关方的划分，结合中国现阶段国情，从增强企业履行社会责任的可操作性角度出发，我们将中国企业履行社会责任的利益相关方界定为：任何可能受到企业决策与活动的影响，或可以影响企业决策与活动的各种利益群体，主要包括顾客、环境、员工、合作伙伴、社区、投资方六个方面。

在这里，“顾客”的范畴包含了客户和普通消费者；“员工”重点是指企业中负责一线生产和服务的员工；“合作伙伴”包括了供应商、经销商甚至竞争者；“投资方”则包含了股东和其他投资者；“社区”的概念相对较宽，不仅指企业生产运营场所周边社区，也包括了企业所在的城市或更大的区域；“环境”之所以也作为一个利益相关方涵盖进来，主要是考虑到当前可持续发展已经成为人类社会发展的重中之重，有效解决环境问题已经迫在眉睫，各种环保组织和环保运动可视为“环境”这一相关方的代言人。

（三）现阶段企业履行社会责任的主线是追求可持续发展

兴起于20世纪60～70年代的企业社会责任运动，最初主要关注的是劳工权益问题，这是由于跨国公司在全世界范围的快速扩张，引致童工、职业病、超时加班等问题大量曝光，激起广大消费者和非营利性组织对“血汗工厂”的纷纷抵制。20世纪80年代以来，工业化、全球化步伐加快，人类赖以生存和发展的环境和资源遭到越来越严重的破坏，酸雨、臭氧层空洞、大面积水土污染等问题大量出现，原有的发展模式难以为继，加强对环境的保护和节能减排成为企业履行社会责任的又一重点。

进入21世纪以来，企业社会责任的理念与可持续发展的要求呈现相互交融态势。追求可持续发展，实现经济、社会和环境综合价值的最大化，成为现阶段企业履行社会责任的核心目的。可持续发展理论重视人与自然的平衡，强调世代间的公平，这就要求企业必须将履行社会责任置于企业长期发展战略的核心地位，充分考虑企业生产经营活动、产品和服务对环境和社会的影响，关注女性、童工、员工权益等社会问题。同时，企业社会责任是通向可持续发展的重要途径，这主要是源于，企业履行社会责任的内在动力是追求现阶段的利益最大化和子孙后代可持续的长远利益，通过展示负责任的行为，利于树立企业形象，提升企业知名度，增强市场拓展能力，推动优秀企业文化建设，使企业、政府、社会之间形成良性互动，为企业的可持续发展赢得良好外部环境。同时，企业不仅是区域经济的基本组织，也是区域社会的基本组织，更是一个可以直接贡献或破坏自己生存发展环境的重要角色，企业实现了可持续发展，必将极大利于和推动经济、社会和环境的可持续发展。可以说，可持续发展是告诉你走向哪，而企业社会责任可以告诉你该怎么做，企业承担社会责任与走可持续发展之路总体方向是一致和吻合的。

第三节 劳动密集型企业的社会责任

劳动密集型企业是当前我国企业中比较特殊的一个群体。一方面，劳动密集型企业在我国经济社会发展中发挥了重要作用。目前我国仍处于从工业化初期到中期的历史发展阶段，劳动密集型企业对经济增长的贡献和潜能尚未完全释放出来，是吸纳社会就业、促进对外贸易的主力，以劳动密集型企业为主导的工业化阶段还要持续较长一段时期。同时，我国劳动密集型企业广泛涉及一、二、三产业和多种所有制，覆盖城乡两大地域。即使是高新技术产业中的一些工序，如光学、精密零件的研磨、抛光等，仍然需要大量的人工来完成。

但是，另一方面，劳动密集型企业又是当前最容易产生责任缺失的一个群体。这主要是因为：从社会文化方面而言，企业重利润，轻伦理，无限制地追逐利润，往往从经济利益角度出发，来决定产品的产量和质量，无视消费者的利益；从市场竞争方面而言，市场如战场，总是存在弱肉强食的局面，对于劳动密集型企业而言，面对市场竞争，有时会倾向于去做那些铤而走险、违背社会伦理或社会责任的事情；从政策体制方面而言，我国部分市场机制运行还不规范，对市场缺乏有力的约束，这给少数企业带来了可乘之机。

因此，选择劳动密集型企业切入，加强对劳动密集型企业社会责任的研究，积极推动劳动密集型企业履行社会责任，是推动我国企业社会责任运动的重要抓手和途径，对其他各类企业和组织履行社会责任具有巨大的辐射和带动作用。

一、劳动密集型企业的范围与特征

劳动密集型企业(Labor Intensive Enterprises)是相对资本密集、技术密集等其他要素密集型企业而言的一种企业类型划分，顾名思义，是指生产过程中资本有机构成比较低、以手工劳动为主的活劳动消耗占比相对较大的企业。此类企业广泛存在于商贸餐饮、运输通信、文教卫生等服务业和纺织、服装、食品加工、电子通信设备等制造业以及建筑业。

2008年以来，上海质量管理科学研究院在承担国家科技部“十一五”科技支撑计划课题“劳动密集型企业社会责任核心要素及其基准研究”过程中，根据美国经济学家道格拉斯(F. H. Douglas)和经济数学家柯布(C. W. Cobb)提出的C-D生产函数以及美国经济学家索洛(R. M. Solow)提出的“余值”或“技术进步”等经典理论，将企业类型划分为资本密集型、劳动密集型、技术密集型，并根据劳动密集型企业人均资产少、人均工资低和技术投入少的特点，提出采用人均固定资产原值、人均工资、R&D经费占主营业务收入比重分别代表资本、劳动和技术投入情况，利用聚类分析法和加权平均法，对制造业29个行业劳动密集程度进行了划分。研究结果显示：皮革毛皮羽毛(绒)及其制品业、纺织服装鞋帽制造业、家具制造业、木材加工及木竹藤棕草制品业、文教体育用品制造业、纺织业、农副食品加工业和工艺品及其他制造业是劳动密集度指数最高的8个行业，此外，食品制造业、非金属矿物制品业、金属制品业、塑料制品业、印刷业和记录媒介的复制5个行业劳动密集度也较高。

与信息、生物、医药、汽车制造等非劳动密集型企业相比，劳动密集型企业有其非常独特的特点，主要是：

(1) 大量使用人力劳动，特别是大量使用农民工。这是劳动密集型企业区别于其他类型企业最明显也是最基本的特征和标志。由于资本有机构成相对比较低，故而具有投资少、单位资本吸纳就业人数多，劳动者占用固定资产的数额低等优势，对于我国这样一个人口世界第一的发展中国家，劳动力资源丰富而资金短缺、技术发展水平较低，大力发展劳动密集型企业有利于充分发挥廉价劳动力优势，弥补资金和技术力量的不足，积累建设资金，加快经济建设。

(2) 以简单重复劳动为主，技术含量低。大部分劳动密集型企业均从事的是服装、鞋帽等加工制作，一般采取流水线生产方式，设备投入和研发投入都比较少，员工主要从事的是简单重复劳动，对人员素质与技能的要求较低。从赢利模式看，这类企业主要依靠廉价劳动力优势，承接了大量跨国公司发包业务，但由于处于价值链的低端，业务量虽然较大，但赢利空间有限，超时加班、克扣员工工资与福利、缺乏安全生产投入等问题屡见不鲜。

(3) 企业性质多为民营中小型企业。由于投资少、资金周转快、劳动力供应充足，故而非常适合民间投资，但相应地带来了管理水平落后、人员素质低等问题。同时，很多这一类型企业从成立到解散往往也就是三五年时间，企业负责人在经营运作时往往比较短视，舍不得加大对员工的培训、设施设备的更新等投入。

(4) 出口加工型企业数量占比很大。在劳动密集型加工企业中，有近半数从事对外出口加工业务。在订单驱动下，每年多次接受外方的责任审核，对外方提出的社会责任验厂要求，已经逐渐从抵制转变到接受和认可。例如，笔者所调研的广东东莞一些玩具加工企业，基本上每个季度都要接受客户方的委托验厂，同时，为了获得出口欧洲的资格，这些玩具企业基本上都自费加入了国际玩具商协会(ICTI)，并承诺严格履行 ICTI 提出的责任标准。

二、劳动密集型企业履行社会责任的要点

根据第一节和第二节中对“社会责任”及“企业社会责任”的界定和理解，本书将劳动密集型企业社会责任界定为：

劳动密集型企业的社会责任，就是指劳动密集型企业为实现现阶段与社会的和谐共存和自身长期可持续发展，对其决策和经营活动给利益相关方所带来的影响而承担的份内应尽的义务。

根据这一定义，对于劳动密集型企业而言，在履行社会责任时，首先要识别出自己的关键利益相关方，然后针对相关方的需求和期望，从和谐共存与可持续发展角度，设计实施可行的措施。

上海质量管理科学研究院课题组在 2008～2010 年期间，先后对近 400 份国际国内企业社会责任标准或要求进行了系统解读，并在上海、广东、浙江、江苏、山东、四川、宁夏、安徽 8 个省市开展了大量的调研和座谈，涉及劳动密集型企业近 3 000 家。研究表明：现阶段对于劳动密集型企业而言，其日常运营中需要重点考虑的利益相关方主要包括：顾客、员工、环境、合作伙伴、投资方和社区，其中，员工、顾客和环境等是对于劳动密集型企业而言最重要的利益相关方。对于出口加工型劳动密集型企业，在履行社会责任时首先应关注员工权益的维护，而对于非出口企业来说，最重要的相关方则是顾客。此外，在重要度排名前三位的相关方中，对于出口企业而言，更强调对环境的保护；而对于非出口企业来说，对合作伙伴履行社会责任，即坚持诚信经营更为重要。

下面我们主要针对员工、环境和顾客三大利益相关方，简要剖析一下劳动密集型企业履行社会责任时的要点，有关更详细的社会责任要素和基本要求，可参见本书第二、三、四章。

(1) 在对员工的责任方面，依法签订和履行劳动合同，保护员工基本权益(包括坚持按

劳分配、禁止强迫劳动、休息休假、足额缴纳社会保险费等），安全生产与职业病防治，沟通协商机制（包括建立健全工会组织、集体谈判等），都是跨国公司验厂守则所重点关注的构成要素，同时也是当前我国劳动密集型企业存在问题较多的领域。最近一段时间以来，富士康、本田、北京现代等企业发生的"跳楼"、"停工"等事件，突出反映了当前劳动关系领域中存在的重大矛盾，也反映了社会领域中存在的突出矛盾，因此，加强对员工的关爱，履行对员工最基本的责任，已经不仅仅是劳动密集型企业自身内部的管理问题，而是已经成为政府、跨国公司、员工、社会和企业主等多方密切关注的社会问题。

（2）在对环境的责任方面，各跨国采购商在进行供应商选择时，已经把环保列入仅次于劳工权益的第二项社会责任重点。例如，宜家家居在《产品、材料和服务的采购中对环境、社会与工作条件的最低要求》准则中，对供应商活动带给大气、水、土壤等各方面的环境影响都提出了明确的要求；ISO 26000 标准（DIS 稿）在其确定的七大社会责任核心主题中，单独将环境问题列为一项核心主题，并对防止污染、资源的可持续利用、减缓并适应气候变化、自然环境的保护与恢复等做出了具体要求。在国内劳动密集型企业调研中也发现，加强能源资源管理，积极开展节能减排，是众多企业优先选择的环境领域负责任的行为，具体包括淘汰高能耗产品、提高资源能源效率、加强环境监测、有效控制危险废物、污染预防等。

（3）在对顾客的责任方面，向顾客提供安全可靠的产品是企业的首要责任，这一点在中国已经成为"世界工厂"的大背景下，在近年来"三聚氰胺"、"苏丹红"等事件时有发生的情况下，显得尤为重要。此外，在众多的企业社会责任国际准则中，有关公平交易、真实公正的信息、顾客信息管理、顾客抱怨与投诉处理等，也都是屡屡提及的责任重点。

三、推动劳动密集型企业履行社会责任的现实意义

现阶段积极推动劳动密集型企业履行社会责任，具有十分重要的现实紧迫性和必要性。通过履行社会责任，不仅有利于突破贸易壁垒，促进对外贸易发展，而且可以促使企业真正落实"以人为本"的管理理念，实现从低劳动成本竞争向人才竞争、技术竞争、品牌竞争的转化；促进企业治理结构和发展战略的优化，实现从单一利润最大化向综合价值最大化的转变。

（一）推动劳动密集型企业履行社会责任是促进对外贸易发展的必需

劳动密集型企业是我国对外贸易的主力，随着我国进出口规模的快速增长，劳动密集型企业对外贸易依存度在不断增强。改革开放以来，特别是我国加入世界贸易组织以来，我国企业对外贸易依存度迅速上升，从 1999 年的 36.43%持续快速上升到 2004 年的 70%以上，特别是对欧美日等主要贸易伙伴的出口增速十分迅速，这三大贸易伙伴的贸易总额占到我国对外贸易总额的 60%以上。在所有出口贸易中，劳动密集型产品的加工贸易占到 50%以上，一些拳头产品如服装、鞋帽、钟表、自行车等劳动密集型产品出口已经位居全球第一。

另一方面，在我国企业不断走向世界的过程中，欧美跨国公司和消费者对我国企业履行社会责任的要求也在不断加强。1993 年 11 月深圳致丽玩具厂火灾事故发生以后，海外劳工组织和非营利组织对中国企业违反劳工标准的行为进行了强烈谴责，并成立了"玩具

安全生产联络会”,制定了专门针对中国企业的“工厂守则”,要求中国出口企业遵守。美国国际劳工权利基金会、全球交流组织等 21 个劳工组织、消费者组织、人权组织联合起草,并与多家跨国公司共同签署了“中国商业原则”。此外,众多的跨国公司,包括麦当劳、沃尔玛等,纷纷设立独立的社会责任部门,对来自中国的供应商和分包商履责情况进行监督审核和验厂。

因此,在我国企业对外依存度不断攀升,跨国公司对国际贸易拥有越来越大“话语权”的世界贸易新格局下,履行社会责任已成为扩大对外贸易所绕不过去的一道“坎”。要想融入世界贸易大家庭,就必须直面社会责任的挑战,适应这种新的游戏规则,积极主动参与到企业社会责任运动之中来。

(二)推动劳动密集型企业履行社会责任是解决劳资关系紧张的必需

我国是世界上人口最多的国家,劳动力供求严重失衡。据著名经济学家马洪、王梦奎估计,中国目前大约有 2 亿农村剩余劳动力需要转移,此外还有大约 3 000 万城镇下岗失业员工需要安置。同时,中国长期以来存在的城乡二元结构,导致城乡居民收入差距非常大,2004 年 2 月底,中国社会科学院公布的一项调查结果显示,目前中国城乡收入差距高达 5 倍以上,为世界之最。

受劳动力供求失衡这一根本因素影响,我国劳动密集型企业在劳工权益、劳动保护等方面责任缺失严重,主要表现在:工作环境较差,职业病未能得到有效控制,近年更是出现“开胸验肺”等发指事件;侵害员工合法权利的事件屡屡发生,在劳动合同、最低工资、超时加班、代扣代缴社会保险、集体谈判等方面,还远不能满足《劳动法》的要求;童工现象不绝,大量使用农民工,缺乏对员工基本的职业技能培训。

为解决这些劳资关系紧张问题,最基本的途径和手段就是加快推动企业积极承担社会责任。在以 SA 8000 为代表的西方企业社会责任标准、要求或“生产守则”中,其关注的重点集中在加强劳工保护,杜绝“血汗工厂”。对我国的劳动密集型企业而言,接受国际通用的责任准则并积极履行社会责任,是一剂苦药,也是一剂良药,是一根挥舞的“大棒”,也是一支有力的杠杆。短期内企业要改善劳工保护现状可能会增加一定成本,一定程度上削弱了国际竞争优势,但长期看将有利于促进我国改善企业劳工保护环境、改善企业安全生产现状、推动“以人为本”经营理念的落实。

(三)推动劳动密集型企业履行社会责任是塑造企业可持续竞争力的必需

目前,我国绝大部分劳动密集型企业在参与市场竞争和国际贸易时,其比较优势仍然是大量丰富而廉价的低技能劳动力。从某种角度而言,这是发展中国家在参与国际竞争过程的早期,不得已而为之的事情。因为这并非是真正的优势,或者说它是非常短暂的优势。而与此同时,我们却承接了发达国家转嫁的、超出本身义务的社会责任成本。例如,我们的出口产品中,有许多产品是发达国家自己能生产却不愿意生产的,如服装、鞋帽、化工材料等,这些产品的生产需要投入极高的劳动健康保护成本和资源环境成本。随着中国“人口红利”的逐渐消失以及印度、越南、马来西亚等其他不发达中国家廉价劳动竞争的加剧,“劳动密集”的比较优势将日益让位于人力资源、品牌、管理等因素。

推动企业积极履行社会责任,均衡地考虑员工、顾客、投资方、合作伙伴等不同相关方的利益,有助于推动企业实施差异化竞争策略,打造责任竞争力,走可持续发展之路。例

如，维护员工的权益，改善员工工作环境，加强对员工的教育培训，都是对企业人力资源的合理保护、利用和开发，有助于使企业人力资源有效地转化并扩大为新的人力资本。通过向顾客提供安全可靠的产品，完善顾客投诉与抱怨处理，可以避免消费者抵制和声誉受损，树立企业品牌形象。通过加强管理者的责任感，健全和规范信息披露、保护投资者权益等管理制度，提升企业管理水平，促进企业治理结构的优化等。

第二章　劳动密集型企业社会责任的基本要素

纵观企业社会责任的经典理论，如早期的“三个同心圆”、“金字塔”、“三重底线”等理论为企业社会责任这一理念的建立奠定了基础；而“社会投资理论”、“社会契约理论”、“利益相关方理论”则是在经典理论的基础上进一步为企业社会责任勾勒出了整体框架。

那么，如何弥补这个断层呢？在构建了理论框架后，如何使这个框架有血有肉、日渐成型呢？就“劳动密集型企业社会责任”而言，在有了以相关方理论为基础构建起来的理论框架之后，如何形成一套完整的“劳动密集型企业社会责任”的理论体系？这就需要按照劳动密集型企业社会责任的相关方展开，对于构成“劳动密集型企业社会责任”的基本要素进行分析。

所谓“要素”，按照新华字典的解释即：构成事物必不可少的因素；组成系统的基本单元。那么本文所研究的“劳动密集型企业社会责任的基本要素”即是指：在以相关方理论为基础构建的理论框架上，构成“劳动密集型企业社会责任”的必不可少的基本因素。这些基本要素包含了“劳动密集型企业社会责任”所关注的所有因素，将“劳动密集型企业社会责任”所关注的内容通过要素载体予以体现，同时，“劳动密集型企业社会责任”的基本要素，也是研究“劳动密集型企业社会责任”具体要求的基础。

如何从烟波浩渺的大量相关信息中，提取“劳动密集型企业社会责任”的基本要素呢？本文将采用情报分析领域中常用的“内容分析法”，通过搜集主要国家、国际组织和跨国公司关于企业社会责任的要求与认证标准、国内相关的法律法规，结合利益相关方对于企业社会责任需求分析，系统的识别企业社会责任的构成要素，分析要素之间的逻辑关系及其存在的必然性。

第一节　劳动密集型企业社会责任基本要素分析方法

内容分析法是一种对文献内容做客观系统的定量分析的专门方法，作为一种较高层次的情报分析研究方法，其研究与应用价值是十分可观的。它能被应用于研究任何文献或有记录的交流传播事件，包括从市场和媒体研究，到人种和文化、社会学和政治学、心理认知科学以及很多其他研究领域。而在本研究中，为了能够科学地从收集的众多文献中提取劳动密集型企业社会责任要素，故采用内容分析法进行研究。

一、内容分析法的定义

顾名思义，内容分析法(Content Analysis)是一种对研究对象的内容进行深入分析，透过现象看本质的科学方法。内容分析法对文献内容做客观、系统的定量分析，其目的是弄清或测验文献中本质性的事实和趋势，对事物发展做情报预测。内容分析法自第二次世界大战时期开始应用于军事情报研究，并取得显著成效以来，经过几十年的发展，在新闻传播学、图书情报学、社会学、心理学等多个领域展开了多方面的探索。拉斯韦尔曾在对两次世界大战的宣传技巧研究中大量使用这一方法。

传播学家伯纳德·贝雷尔森也曾于1952年发表了具有权威性的著作《内容分析:传播研究的一种工具》。其中,将内容分析法定义为"一种对明显的传播内容进行客观、系统和定量描述的研究方法"。内容分析法对于所有可以记录与保存而又有传播价值的讯息内容都能适用。它是一种实证性的方法,因而与具有一定客观性的调查程序联系在一起的。

一般来说,内容分析法研究的主题是各种类型的文本,包括报刊文章、访谈记录、图片内容、电视节目、回忆录等。所有的内容分析应用都有一个前提假设,即广义的文化是可以通过文本形式来表达的,这就意味着对文本的内容分析是与社会文化现实有关的,分析的结果及其解释也应具有现实意义。

二、内容分析法的特点

1. 客观性

内容分析法是一种规范的方法,对类目定义和操作规则十分明确与全面,它要求研究者根据预先设定的计划按步骤进行,研究者主观态度不太容易影响研究的结果;不同的研究者或同一研究者在不同时间里重复这个过程都应得到相同的结论,如果出现不同,就要考虑研究过程有什么问题。

2. 系统性

作为客观性要求的延伸,讯息内容或类型必须有一以贯之的取舍标准,以防研究者在选取材料时偏向于选择支持自己观点的材料,目的在于给真相呈现的机会。

3. 显明性

显明性指的是"必须以内容出现的样子编码,而不是以分析者所感觉的它的意义来编码"。当资料被编码和解释后,可能看到潜藏的事物。分析者不仅能够探测出作者想要表达的东西,还能看出作者可能没想要表达的东西。

4. 非接触性

内容分析不以人为对象而以事物为对象,研究者与被研究事物之间没有任何互动,被研究的事物也不会对研究者做出反应,研究者主观态度不易干扰研究对象,这种非接触性研究较接触研究的效度高。

5. 定量与定性相结合

这是内容分析法最根本的优点,它以定性研究为前提,找出能反映文献内容的一定本质的量的特征,并将它转化为定量的数据。但定量数据只不过把定性分析已经确定的关系性质转化成数学语言,不管数据多么完美无缺,仅是对事物现象方面的认识,不能取代定性研究。因此这种优点能够达到对文献内容所反映"质"的更深刻,更精确,更全面的认识,得出科学、完整、符合事实的结论,获得一般从定性分析中难以找到的联系和规律。

三、内容分析法的一般过程

内容分析法的一般过程包括建立研究目标和选择分析单位、设计分析维度及体系、抽样和量化处理、进行内容编码和分析数据资料六部分。

（一）研究目标和选择分析单位

进行内容分析的第一步就是将研究目标加以清楚明白的陈述。内容分析要避免为研究而研究的毛病，不能因资料现成、便于刊表显示等缘由就进行所谓的研究。为此，确定研究的最终目标并加以清晰的表述是十分必要的。这将有助于使资料收集围绕确定主题而进行，尽量减少收集那些对研究无助的资料。

研究工作要以研究主题为指导。如同其他大众媒介研究方法，内容分析要以设计得当的研究主题或方案作为指导。研究主题可由现存理论、以前的研究或实际的问题中提炼出来，或是从对社会变化的反应中提出研究主题。设计得较好的研究主题或假设，能提高内容分析类目的准确性和灵敏性，也有助于产生更具价值的资料。

分析单位是指在内容分析法中描述或解释研究对象时，所使用的最小、最基本单位。当分析单位比较大时，常常需要选择一些与其有关的中、小层次的分析单位来加以描述、说明和解释。选择分析单位与具体的研究目标、研究总体密切相关，并以它们作为确定和选择的基础。

（二）设计分析维度及体系

分析的维度，又称分析的类目，是根据研究需要而设计的将资料内容进行分类的项目和标准。设计分析维度、类别有两种基本方法，一是采用现成的分析维度系统，二是研究者根据研究目标自行设计。第一种方法：先让两人根据同一标准，独立编录同样用途的维度、类别，然后计算两者之间的信度，并据此共同讨论标准，再进行编录，直到对分析维度系统有基本一致的理解为止。最后，还需要让两者用该系统编录几个新的材料，并计算评分者的信度，如果结果满意，则可用此编录其余的材料。第二种方法：首先熟悉、分析有关材料，并在此基础上制定初步的分析维度，然后对其进行试用，了解其可行性、适用性与合理性，之后再进行修订、试用，直至发展出客观性较强的分析维度为止。分析维度必须有明确的操作定义。

在有效的类目系统中，所有的类目都应具互斥性、完备性和信度。

1. 互斥性。如果一个分析单位可以且只可放在一个类目中，那么这个类目系统就具有互斥性，否则类目的定义就需要进行修改。

2. 完备性。内容分析类目还必须具有完备性。类目中必须有适合于每一个分析单位的位置，如果发现一个或几十个不正常的例子，可以用“其他”或“混合”的类目来解决问题。但有10%或更多的内容属于“其他”或“混合”类目时，就需要重新检查当初的类目。还有一种确保完备性的方法，就是把内容分成两部分或三部分：如解决问题的态度可以分为积极性和消极性；陈述可分为正面的、中性的和负面的三种类目。

3. 信度。类目系统应具有可信度。也就是说，不同的编码者对分析单位所属类目的意见应有一致性。这种一致性在内容分析中以数量表示，称为“编码者信度”。

在建立类目的过程中，可能涉及应分多少个类目的问题，这时应防止两个极端的做法：类目过少和类目过多。因为类目太少，基本的差异容易被忽略；类目太多，每一个类目中仅有少量的内容，从而大大限制了研究的推理性。一般的原则是，类目多比类目少要好。因为把几个小类目合并成一个大类目要比把一个大类目再分开容易许多。

（三）抽样

当一些分析涉及数量有限的资料时，对内容作一次普查是可行的。但在更典型的情况下，当研究者面对数量庞大的适应内容，就无法进行统计。在这种情况下，必须进行抽样。抽样工作一般包括两个方面的内容：一是界定总体，二是从总体中抽取有代表性的样本。

1. 对内容的原始资料进行抽样

第一阶段，一般是对内容的原始资料进行抽样。如果分析这些样本的任务太重，也可以进行随机抽样，或分层抽样。例如，要研究电视广告中对女性形象的表现，研究者可以仅选择收视率较高的一定数量的电视台，也可以从全国所有电视台中随机抽取一定数量的电视台，还可以把样本按收视率分层，并从高、中、低各层中抽样。

2. 选择分析样本的迄止时间

第二阶段，选择分析样本的迄止时间。当原始研究材料确定后，就可选择分析样本的迄止时间。确定迄止时间应根据研究的最终目的来确定。要分析在迄止时间范围内的所有内容仍是一项工作量很大的工作。因此，在这段时间内进行抽样以取得分析样本就显得尤为必要。一种简单的随机抽样方式是：从一个任意的时间点以后，每隔 n 次选择一个样本。但 n 不能呈现出周期性，否则这种抽样不具有代表性。

3. 选择内容

当确定了原始资料和日期以后，便进入抽样的下一个阶段。可以通过限定在已抽取的样本中选择分析的内容。例如，一项关于 1997～1999 年间全国省级电视广告类型变化的研究，在确定了原始资料和日期以后，用如下方法选择内容：每隔一个广告统计一次，不考虑广告的大小。

（四）进行内容编码

将分析单位置于内容类目称作编码，这是内容分析中最费时，同时也是最有意义的部分。进行内容编码时应做好如下几点：

1. 训练编码员，改进辅码计划。实施编码的人称为编码员。在研究中，研究者需安排一定的时间训练编码员，这一方面有助于编码员准确了解类目的界限，另一方面可改进不合理的编码计划，直至编码计划合理，编码员能熟练掌握类目界限和编码程序。

2. 进行实验性研究，检查编码员间的信度。实验性研究应在新进的编码员间进行，以确保他们准确掌握编码的技巧和方法，从而提高编码员间的信度。

3. 使用标准化表格，简化编码工作。为了简化编码工作，一般需要使用标准化表格。编码员在进行编码工作中，可以将资料记录在标准化表格的空格中，既可简化编码工作，又便于以后统计。此外，利用电脑进行编码和统计工作，也是一种非常理想的方法。

（五）量化处理

量化处理是把样本从形式上转化为数据化形式的过程，包括作评判记录和进行信度分析两部分内容。评判记录是根据已确定的分析维度（类目）和分析单位对样本中的信息作分类记录，登记下每一个分析单位中分析维度（类目）是否存在和出现的频率。

1. 评判记录

评判记录是根据已确定的分析维度（类目）和分析单位对样本中的信息作分类记录，要做好评判记录工作，需要注意以下几个方面：

(1) 按照分析维度(类目)用量化方式记录研究对象在各分析维度(类目)的量化数据(例如，有、无、数字形式、百分比)。

(2) 采用事先设计好的易于统计分析的评判记录表记录。先把每一分析维度的情况逐一登记下来，然后再做出总计。

(3) 相同分析维度的评判必须有两个以上的评判员分别做出记录，以便进行信度检验。评判记录的结果必须是数字形式。

(4) 在根据类目出现频数进行判断记录时，不应忽略基数。

此外，内容分析应当保持各环节分析上的系统、全面，以防因标准不一而减少分析的科学性。因此，必须在事前对分析操作员进行严格的培训。在劳动密集型企业核心要素确定的研究中，对于量化处理，采取的是出现的频度。

2. 信度分析

信度分析指两个或两个以上的研究者按照相同的分析维度，对同一材料进行评判结果的一致性程度，它是保证内容分析结果可靠性、客观性的重要指标。

内容分析法的信度分析的基本过程是：

(1) 对评判者进行培训；

(2) 由两个或两个以上的评判者，按照相同的分析维度，对同一材料独立进行评判分析；

(3) 对他们各自的评判结果使用信度公式进行信度系数计算；

(4) 根据评判与计算结果修订分析维度(即评判系统)或对评判者进行培训；

(5) 重复评判过程，直到取得可接受的信度为止。

计算内容分析信度的公式为：

$$R=\frac{n\times K}{1+(n-1)\times K}$$

$$K=\frac{2M}{N_1+N_2}$$

其中 R 为信度，K 为平均相互同意度(指两个评判员之间相互同意的程度)，M 为两者都完全同意的栏目，N_1 为第一评判员所分析的栏目数，N_2 为第二评判员所分析的栏目数。

(六) 分析数据资料

内容分析中常使用描述性统计方法，如百分比、平均值、众数和中位数；也使用推理的统计方法，如方差分析、卡方分析、相关和回归分析。如果分析的是等距尺度和等比尺度类型的数据，则需用 T 检验、ANOVA 或皮尔逊 r 检验。此外，有些研究者还应用其他一些统计分析方法，如判别分析、聚类分析和结构分析。

第二节　劳动密集型企业社会责任基本要素的确定

通过第一章的论述我们不难发现，企业社会责任产生、发展以及演化的过程中，企业的利益相关者一直是一个不可回避的问题。由于企业规模的不断扩大，引发了诸多社会问题，从而导致了社会公众对于企业的强烈不满情绪日益高涨，最终演变为一次次的社会责任运动，直接推动了企业对这些利益相关者责任的关注。而这些利益相关者作为企业履行社会责任的需求主体，其需求就最终构成了企业社会责任的基本要素。

一、内容分析法的两个维度

本节将主要围绕利益相关方的关注分析，以及选取具有代表性、权威性的有关劳动密集型企业社会责任的要求与认证标准作为两个维度，运用内容分析法，对确定劳动密集型社会责任的基本要素构成的过程进行描述。

（一）第一个维度——主要利益相关方

本节分别通过从顾客、环境、员工、合作伙伴、社区和投资方六个利益相关方的角度出发，以分析各个相关方对企业的利益期望作为议题，阐述了各相关方对于企业履行社会责任的关注，为进一步分析劳动密集型企业社会责任构成要素奠定了基础。

1. 企业对顾客的关注

社会成员购买了企业的产品就成为企业的顾客，但从广义上来说整个社会成员都是企业的顾客，只不过有些是潜在的，有些已成为现实的。顾客在消费过程中，期望得到质量好的产品和服务，价格合理公平。企业与顾客之间是一种生产与消费、供给与需求的相互联系、相互影响的关系。因此，企业对顾客负责在某种意义上是对社会负责的体现。企业与顾客是一对矛盾统一体，二者既对立又统一。

企业利润的最大化最终要依赖顾客购买产品、服务来实现，顾客购买企业的产品越多，企业的效益越好。如果企业生产的产品质优价廉，满足了顾客的愿望和需求，企业的销售额直线上升，由此带来巨大的利润；如果企业生产的产品质量不过关且以次充好，靠蒙骗、损害顾客的利益获取利润，企业利润最大化的目的也难以实现。企业是通过为顾客提供产品和服务而获取利润的组织，企业为顾客提供质优价廉、安全、舒适和耐用的商品，满足顾客的物质和精神需求是企业的天职。企业对顾客的重要责任集中体现在对顾客权益的维护。一般来说，顾客有两个方面的权利，安全的权利和知情的权利，如果企业在这两方面侵犯了顾客的权利，使顾客的利益受到损害，企业的行为就是不负社会责任的行为。

(1) 企业对顾客的最基本责任——向顾客提供安全可靠的产品。顾客购买企业提供的产品是为了满足自己的物质和精神需求，而如果企业向顾客提供了有安全隐患的产品，不仅顾客的消费需求得不到满足，而且未来还要付出人身伤害和财产损失的巨大代价，这一切企业负完全责任。

目前，我国的产品（尤其是食品）安全事故层出不穷，从苏丹红、阜阳毒奶粉到三聚氰胺事件，各级政府及社会各界对产品尤其是食品安全问题的关注已经上升到前所未有的高度。而通过大量的类似事件，我们可以发现，虽然我国的相关法律法规及标准还有待完善，但更多的产品安全事故，主要是由于产品制造或销售企业，缺乏起码的道德和社会责任感，有法不行、有标不依，仅以外观美观或达到部分成分的检测标准为目的，采用大量廉价的、非法的、违反相关标准的，甚至对人体有害的原材料或工艺进行生产。而在劳动密集型企业中，有相当部分属于食品加工企业，而且占其业务量大部分的为外贸订单，对于这类企业，其产品的安全不仅会影响到国内人民群众的健康，更是会影响到中国出口加工产品在国际上的形象，对于外贸的影响极大。所以产品安全作为顾客这一重要利益相关方对于企业履行社会责任的关键需求，必须予以强调。

(2) 企业对顾客的第二个责任——尊重顾客的知情权和自由选择权，使顾客尽可能多地了解企业的产品，在公平交易的前提下自由地选择产品。顾客的知情权和选择权是密切相连的，只有全面的知情权才有自由的选择权。任何顾客在购买产品之前有权通过产品的广告、宣传材料和产品说明书对产品的可靠性、性能等方面的知识进行全面的了解，以便在琳琅满目的商品中选择到自己称心如意的商品。企业如果在产品的广告、宣传材料和说明书中过分夸大产品的功效，对产品的不足之处极力隐瞒或只字不提；如果产品的说明书、标签与内容严重不符，这种企业以自身的信息资源优势隐瞒产品的不足、夸大产品功效的行为造成了交易过程中严重不公正，侵犯了顾客的知情权和自由选择权，是企业不尊重顾客，对顾客严重不负责的表现。

2. 企业对环境的关注

自然环境不仅仅是为人类生产、生活提供资源或影响人类发展的外在条件，地球及其生存于中的任何物种，都不是独立于人类文明的外在客体，相反，他们构成了人类文明不可缺少的生态因子。

企业与自然环境的关系如同鱼水关系，二者谁也离不开谁。人类进入20世纪，由于科学技术的飞速发展，严重破坏了环境。环境的污染、土壤的沙化、奇缺物种的减少，引起了世界各国科学家的关心和重视，环境保护成为人类面临的迫切而严峻的问题。在我国，经济高速发展给环境带来了巨大的压力，而企业在环境污染中扮演了主要角色。因此，企业在建设生态文明，基本形成节约能源资源和保护生态环境的产业结构、增长方式、消费模式，实现循环经济规模化，可再生能源比重显著上升，主要污染物排放得到有效控制中发挥着重要作用。主要包括以下几点：

遵守环保法律法规，是企业履行社会责任的基本要求。当前，一些地方环境污染事故频发，严重影响人民群众正常生产生活。其中一个重要原因，就是一些企业见利忘义，置国家环保法律不顾，逃避环境监管，靠违法排污降低成本，致使企业赚钱，群众受害，社会买单。每一个有社会责任感的企业，都应该主动学习并自觉遵守环保法律法规，要把遵纪守法作为企业生存发展的道德底线。国有大中型企业更应该成为自觉遵守国家环保法律法规的典范。

积极做好污染减排工作，是当前和今后一个时期企业履行环保社会责任的首要任务。国家“十一五”发展规划把二氧化硫、化学需氧量两项主要污染物削减10%作为约束性指标，这是改善环境质量、建设生态文明的重要举措，是中国政府对全国人民的庄严承诺。企业是污染减排的主体，要以对人民和国家高度负责的精神，积极调整产业结构，保证污染治理设施正常运行，加大环境治理力度，努力削减污染负荷，让江河湖海休养生息。

建设环境文化，是企业履行环保社会责任的内在动力。实践证明，仅仅熟知环保法律法规，掌握环保科普知识，如果缺乏人与自然协调发展的环境道德观，就难以形成保护环境的内在动力。只有在企业职工中经常开展环境保护形势与政策宣传教育，培养他们的环境道德意识，才能形成自觉自愿保护环境的良好社会风尚。

3．企业对员工的关注

员工是一个包括企业操作层劳动者、专业技术人员，基层管理人员及职员在内的相当广泛的阶层。他们为企业提供各种基本要素，是企业的基本力量。

企业与员工之间最基本的关系是建立在契约基础上的经济关系，除此之外还有一定的法律关系和道德关系。经济关系简而言之就是劳动雇佣关系，法律关系是对经济关系的法律规定，道德关系是在肯定经济和法律关系的前提下，揭示了企业与员工之间还有相互尊重和相互信任的关系，企业对员工的发展和完善也负有一定的责任。企业对员工的基本经济责任和法律责任是企业必须履行的伦理底线，企业在这方面对员工的责任有：保证员工的就业择业权、劳动保护权、休息休假权、安全卫生权、保险福利权和教育培训权等。企业在这些方面违背或忽视了员工的权利，就是不负社会责任，应当受到法律、道德的双重制裁。伦理底线规定的企业对员工的责任是抽象意义上的责任，企业真正对员工负责任还要靠具体的行动，企业在实践中实施对员工的社会责任需要做到以下几点：

（1）首先，企业应遵循平等自愿、协商一致和符合法律三项原则与每一个员工制定劳动合同，且保证企业与员工签订的劳动合同要内容全面，符合我国新《劳动法》和《劳动合同法》的相关要求。劳动合同的订立和变更，应当遵循平等自愿、协商一致的原则，不得违反相关法律、法规。

（2）企业要为员工提供平等的就业机会、升迁机会、接受教育机会。企业为员工提供平等的就业机会，在职业选择上要反对各种各样的歧视。在就业政策中要体现男女平等，对少数民族地区企业要主动吸收少数民族人员就业。企业要为不同性别、年龄、民族、肤色和信仰的员工提供平等的职业升迁机会，不得人为限制。在接受教育方面企业要为员工创造良好的条件，使员工在为企业工作的同时有机会提高科学文化水平，促进员工的自我发展和完善。

（3）员工为企业工作是为了获得报酬维持自己的生存和发展，但是，企业不应以为员工提供工作为由而忽视员工的生命和健康。很多工作对员工的身体健康有伤害，如化工、采矿和深海作业，对于工作本身固有的伤害，企业必须严格执行劳动保护的有关规定。另外，工作环境的安排也必须符合健康标准，工人不得在阴暗潮湿的环境下长期作业，工作间要通风透气等，这些都是安全健康的工作环境的基本标准。

（4）企业为员工提供民主参与企业管理的渠道，为员工提供自我管理企业的机会。员工在企业中虽然处于劳动者、被管理者的地位，但是劳动者一样有参与企业管理的权利，对企业的重大经营决策、企业的未来发展等重大问题有发表意见和建议的权利。企业尊重员工民主管理企业的权利，重视员工的意见和要求，也能够调动员工的工作热情和劳动的积极性，有助于工作效率的提高。在我国，则表现为应按照《工会法》等相关法律的要求，建立企业内的工会组织，确保工会组织的有效运转，并依托工会组织，建立起有效的员工民主沟通渠道。

4．企业对合作伙伴的关注

在这里合作伙伴主要包括三大类：竞争对手、供应商和销售商。企业与合作伙伴的互动主要采取契约的形式，因此，企业首先要遵守契约内容。其次，公平竞争。企业与合作伙伴虽然是以利益为纽带的市场关系，但是这种关系不能丧失公平竞争的底线。如果企业与竞争对手或者供应商采取恶性竞争的方式，不但给双方带来损失，而且对其他利益相关者带来影响，进而影响市场经济的良性运行，损害社会稳定持续发展。

5. 企业对社区的关注

企业是社会经济生活的一部分，它的行为会给社会公众产生各种影响。社会公众期望企业能够承担一系列的社会责任，包括促进就业、赞助和支持社会公益事业等。值得一提的是，企业与社区之间是一种相互交叉的你中有我，我中有你的关系，二者相互影响，不可分离。

企业与社区建立和谐的关系对企业的生存发展和社区的进步繁荣具有重要意义。世界著名的管理大师孔茨和韦里克在《管理学》一书中揭示了企业与社区的关系，他们认为，企业必须同其所在的社会环境进行联系，对社会环境的变化做出及时反应，成为社区活动的积极参加者。企业与社区相互促进、共同发展。企业存在于一定的社区内，社区内的人员素质、文化传统对企业的员工素质和价值观有一定影响，良好的社区环境和高素质的人群是企业发展的有利条件。企业积极主动参与社区的建设活动，利用自身的产品优势和技术优势扶持社区的文化教育事业，吸收社区的人员就业，救助无家可归人员，帮助失学儿童等活动，不仅能为社区建设做出贡献，而且能为企业的发展打下良好的基础。

企业为社区建设所做出的努力，会变成无形资产对企业的经营发展起到不可估量的作用。例如，企业积极支持社区的文化教育事业，提高了企业未来员工的素质；企业为顾客服务的宣传活动，拉近了企业与顾客距离，可以产生大量的回头客；企业热心于环保和公益事业，可以营造良好的企业形象。总之，企业积极承担社区责任，扩大企业的知名度，提高企业的良好声誉，所有这一切都会作为企业的无形资产在企业的经营中带来巨大的效益。企业通过社区架起了连接社会的桥梁，企业为社区所做的一切有益的工作都会对社会产生重大影响。企业积极参与社区活动履行了企业“社会公民”的职责，为社会的和谐、进步和发展尽一份力量。

6. 企业对投资方的关注

在市场经济条件下，企业与投资方的关系事实上是企业与投资者的关系，这是企业内部关系中最主要的内容。在现代社会，投资方的队伍越来越庞大，遍布社会的各个职业和领域，企业与投资方的关系渐渐演变为企业与社会的关系，企业对投资方的责任也具有了社会性。但是，企业对投资方的责任和一般的社会责任不同，它通过以下特有的方式：

(1) 企业对投资方最基本的责任是对法律所规定的投资方权利的尊重，股份制企业则直接表现为对股东权利的尊重，非股份制企业则表现为对投资者要约权利的尊重。法律的规定是每一个企业必须遵循的伦理底线，超出了这个界限就构成了企业的不道德行为。企业违背了法律的规定侵犯了投资方的权益，就是对投资方严重的不负责任。

(2) 企业要对投资方的资金安全和收益负主要责任。投资人把自己毕生的积蓄托付给企业，希望通过企业的投资获得丰厚的回报，企业应当满足股东这个基本的期望。企业不得拿着投资方的钱去做违法的、不道德的事情，企业更不能用投资方的钱任意挥霍，企业所从事的任何投资必须以能给投资方带来利润为基本前提。

通过以上对各利益相关方在企业履行社会责任方面的关注点解析，总结和确定了针对劳动密集型企业履行社会责任的13个方面，作为内容分析法的分析维度之一。

表 2-1　根据利益相关方关注分析确定的分析维度之一

六个相关方	13 个关注点
对顾客的责任	产品质量/安全
	产品销售与服务
对环境的责任	资源和能源管理
	环境管理
对员工的责任	劳动合同
	员工权益
	安全生产
	沟通协商机制
对合作伙伴的责任	恪守诚信
	公平竞争
对社区的责任	就业岗位
	社区建设
对投资方的责任	投资回报

（二）第二个维度——企业社会责任相关标准与要求

根据企业社会责任权威网站（http://www.corporateregister.com）统计，目前全球有关企业社会责任的标准和要求大约有 400 多份。课题组通过多方努力，对这 400 多份标准和要求进行了收集。这些标准和要求主要包括以下四类：

一是跨国公司自行制定的供应商行为守则，如沃尔玛、家乐福、迪士尼等，都对其主要供方制定了详细的社会责任规定和验厂要求；二是一些行业性协会制定的社会责任标准，如服装行业的 WRAP、美国公平劳工协会（FLA）和英国的 ETI 等；三是国际组织颁布的社会责任准则，如联合国全球契约、OECD 跨国企业指导等；四是我国出台的地方标准、实施意见和相关的报告等，如《浦东新区企业社会责任标准》、《关于中央企业履行社会责任的指导意见》等。

为了保证研究的代表性，同时更加有针对性地进行内容分析，挑选出符合劳动密集型企业要求的相关标准和要求，课题组根据以下原则对 400 多份标准和要求进行了筛选。

1．规范对象的“相近性”原则

由于玩具、服装及鞋帽加工制造企业是我国典型的劳动密集型企业，因此，课题组在进行筛选时，首先着重关注标准和要求所规范的对象，是否有上述相近的行业，挑选出适用于劳动密集型企业行业范围、且对于推动我国出口贸易有重大意义的标准和要求，并以此提取出相近的劳动密集型行业的企业社会责任基本要素。

2．实际操作的“实践性”原则

我国的劳动密集型企业多数为出口加工型企业，在获得出口加工订单的同时，经常会面临跨国采购商社会责任的相关验厂，因此，课题组的第二个筛选原则就是针对跨国采购商的供应商守则，选取属于 2008 年世界 500 强范围内的，具有较高国际知名度的跨国生产企业，关注其对社会责任相关的实际验厂要求。

3. 应用领域的“国际性”原则

正是由于我国的劳动密集型企业中有着大量的出口加工型企业，如果能够形成获得国际认可的、可以和诸多跨国采购商的供应商守则互通的劳动密集型企业社会责任要求，那将会大大降低我国出口加工型劳动密集型企业的出口成本。因此，着眼于未来的劳动密集型企业社会责任要求的互通，课题组的第三个筛选原则就是标准和要求需获得一定范围的国际认可，尤其是在国际社会责任运动发展沿革中，具有里程碑意义的典型文件。

4. 规范内容的“符合国情”原则

基于本课题的研究对象为我国的劳动密集型企业，一切研究均必须符合我国现阶段的国情，因此课题组的第四个筛选原则即为“符合国情”原则，着重甄选由我国政府、地方、部门、有关劳动密集型行业协会出台的标准和实施意见，以及我国人大签署同意加入的国际契约等。

课题组根据上述四个原则，建立了相关矩阵，将400多份社会责任相关标准和要求一一进行了分析，将符合两个以上原则的标准筛选了出来。同时，由于我国国内和社会责任相关的标准较为有限，为了充分保证研究符合我国国情，因此将我国政府、地方、部门等出台的标准和实施意见也一并列入。经筛选后，共计32份(如表2-2所示)。

表2-2　32份社会责任标准名称

序号	标准或要求	来源	筛选原则			
			相近性	实践性	国际性	符合国情
1	ISO 26000社会责任指南(DIS版)	国际标准化组织(ISO)	√	√	√	
2	国际玩具工业理事会(ICTI)商业行为守则	国际玩具工业理事会	√	√	√	
3	SA 8000(中文2008版)	SAI社会责任国际	√	√	√	
4	WRAP全球责任服装生产准则	美国成衣制造协会(AAMA)	√	√	√	
5	Adidas社会责任准则	公司网站	√	√	√	
6	Nike社会责任准则		√	√	√	
7	宜家社会责任准则		√	√	√	
8	道尔达社会责任准则		√	√	√	
9	Disney社会责任准则		√	√	√	
10	GAP社会责任准则		√	√	√	
11	COCO-COLA社会责任准则		√	√	√	
12	Levi's社会责任准则		√	√	√	
13	Nokia社会责任准则		√	√	√	
14	壳牌社会责任准则		√	√	√	
15	REEBOK社会责任准则		√	√	√	

续表

序号	标准或要求	来源	筛选原则			
			相近性	实践性	国际性	符合国情
16	服装制品业的伙伴关系的协议(AIP)	服装业伙伴关系(AIP)组织	√	√		
17	德国零售商对外贸易联合会(AVE)的社会责任行为守则	德国零售商对外贸易联合会	√	√		
18	FLA 工厂行为守则	美国公平劳动协会	√	√		
19	花卉标签生产守则	德国花卉批发和进口商协会	√	√		
20	清洁成衣运动	自愿网络组织	√	√		
21	WRC 生产守则规范	工人权益联盟	√	√		
22	跨国公司和其他工商企业在人权方面的责任准则	联合国促进和保护人权小组委员会		√	√	
23	经济合作与发展组织跨国企业行动指南	经济合作与发展组织(OECD)		√	√	
24	倡议商界遵守社会责任组织(BSCI)行为守则	BSCI		√	√	
25	英国道德贸易联盟(ETI)基本行为守则	道德贸易联盟		√	√	
26	中国纺织企业社会责任管理体系 CSC 9000T	纺织工业协会	√			√
27	联合国全球契约	联合国			√	√
28	关于中央企业履行社会责任的指导意见	国资委				√
29	中国企业社会责任推荐标准和实践范例	中国企业联合会可持续发展工商委员会				√
30	浦东新区企业社会责任导则	上海市浦东新区经济委员会等 11 家单位				√
31	上海银行业金融机构企业社会责任指引	上海银监局				√
32	深圳证券交易所发布上市公司社会责任指引	深圳证券交易所				√

根据分析单位的选取原则，按照标准发布机构的性质，可以将 32 份标准分为国际标准、欧美国家标准、中国国家标准和企业标准，其分布如表 2-3、表 2-4 所示：

表 2-3　32 份 CSR 标准的分类

类　型	份数	类　型	份数
国际 CSR 标准	5	中国 CSR 准则	6
欧美国家 CSR 准则	10	国际著名跨国公司的生产守则	11

表 2-4　32 份标准的国别分布情况

标准、准则起草国家或组织	标准和要求数量	占百分比/%	标准、准则起草国家或组织	标准和要求数量	占百分比/%
国际组织	5	15	荷兰	1	3
美国	5	15	中国	6	18
欧盟	1	3	公司生产守则	11	37
英国	1	3	总计	32	100
德国	2	6			

二、劳动密集型企业社会责任基本要素的提取

基于上述关于利益相关方的关注点分析，总结出六个利益相关方、13 个关注角度，结合主要国家、国际组织和跨国公司关于劳动密集型企业社会责任的 32 份要求和标准，构成的内容分析法二维分析表，将进一步形成量化分析系统，由若干名编码员进行编码、提取基本要素，并进行统计分析，由此确定劳动密集型社会责任的基本要素构成。

（一）构建分析维度编码表

由于本研究的核心目的是确定劳动密集型企业社会责任标准的要素，因此，在选择分析单位时，限定为一个名词性的“词组”。通过在每一个维度上，由多位研究者对 32 份标准的详细解读和归纳，分别确定各个维度上的分析单位，共计 106 条，详见表 2-5。在此基础上，为了简化编码工作，编制了一份 32×106 的二维标准化表格。

表 2-5　106 项有关劳动密集型企业要求的分析单位

利益相关方	构成要素	利益相关方	构成要素
员工	禁用童工	环境	清洁生产
员工	保护未成年工人	环境	淘汰高能耗产品
员工	保护女职工	环境	加强环境监测
员工	不得使用劳役囚犯	环境	环境影响评价
员工	收费与抵押	环境	环保投入
员工	禁止强制或强迫劳动	环境	推广环境技术
员工	遵守工作时间规定	环境	生态保护
员工	坚持按劳分配	环境	公益环保
员工	遵守最低工资规定	环境	提高资源能源效率
员工	加班工资	环境	循环与再利用

续表

利益相关方	构成要素	利益相关方	构成要素
员工	足额缴纳社会保险费	环境	遵守环境规章与标准
员工	禁止歧视	环境	环境管理体系
员工	平等对待员工	环境	节能管理体系
员工	禁止骚扰	环境	开展污染预防
员工	禁止虐待	环境	控制危险废物
员工	工作场所安全与保障	环境	绿色统计
员工	生活场所安全保障	环境	环境管理创新
员工	职业健康安全管理体系	环境	产品环保设计
员工	安全教育与培训	顾客	符合安全要求
员工	加强安全生产管理	顾客	符合质量要求
员工	提供安全、卫生的环境	顾客	产品/服务创新
员工	保护女员工及未成年工	顾客	产品标识规范
员工	职业病防治	顾客	缺陷产品处置
员工	工资同步增长机制	顾客	健康营销
员工	员工宿舍	顾客	产品文明宣传
员工	特殊工种持证上岗	顾客	销售服务
员工	劳防用品管理	顾客	完善客户服务
员工	应急管理	顾客	消费者权益保障
员工	作业规则	顾客	产品/服务主动追踪
员工	员工的职业规划	顾客	妥善处理投诉
员工	劳动合同的订立与履行	顾客	提升顾客满意
员工	集体合同的订立与履行	合作伙伴	社会责任采购
员工	休假权利	合作伙伴	完善公司治理
员工	结社自由	合作伙伴	重合同守信用
员工	集体谈判权利	合作伙伴	公平竞争
员工	建立健全工会组织	合作伙伴	商业秩序
员工	尊重平等协商权利	合作伙伴	保护知识产权
员工	健全民主管理制度	合作伙伴	抵制商业贿赂
员工	员工救助、支助	合作伙伴	反对不正当竞争
员工	员工健康关怀	合作伙伴	不胁迫分销商
员工	文化设施	社区	社区影响评价
员工	文化生活	社区	社区活动参与

续表

利益相关方	构成要素	利益相关方	构成要素
员工	职业教育与培训	社区	企业志愿者发展
员工	决策参与	社区	招用残障人员
员工	工作与生活的平衡	社区	技术创新
员工	激励管理者	社区	推进教育
员工	共享发展成果	社区	文化责任
投资方	完善公司治理机制	社区	公共关系
投资方	健全信息披露制度	社区	热心公益事业
投资方	管理者制约	社区	禁止毒品
投资方	管理者职业操守	社区	落实就业政策
投资方	保护投资方权益	社区	支持社区职业技能培训
投资方	中小股东利益	社区	参与社区共建

（二）量化系统

在构建了分析二维表后，由三名研究人员通过 32 份标准和要求的深入解读和整理，分别记录分析框架中 106 个分析单位在各标准中的出现情况，并进行频次计数，总和代表每一个观察标准中出现的次数，在分析框架中记录编码测量的结果，并把结果输入表格。

（三）统计分析

根据确定的各个要素，再对 32 份标准作分类记录，登记每一个构成要素在该标准中出现的频率。为了确保分析的可信度，由三位研究者按照 106 个构成要素，对同一材料进行评判，并通过重复评判过程，达到结果一致性。

通过对劳动密集型企业社会责任构成要素的研究，识别出了 106 个要素，按照确定额分析维度，即六个利益相关方的划分，分布情况如表 2-6：

表 2-6　106 项有关劳动密集型企业构成要素在六个利益相关方的分布情况

利益相关方	构成要素数量	利益相关方	构成要素数量
员工	47	顾客	13
投资方	6	合作伙伴	9
环境	18	投资方	13

根据提取的构成要素在 32 份标准中出现的频次进行统计后发现，其中一些构成要素出现的频次高达 85%，而一些要素却只有 2.5%的出现频率 ，由此可见，侧重点不同标准的多样性是劳动密集型企业社会责任要求的一个显著特点，这也恰恰证明了识别劳动密集型企业社会责任基本构成要素的必要性。

其中，42 个劳动密集型企业社会责任要素在 32 份标准、要求中有相当大的共性，出现的频率超过了 50%，按照从高到低的顺序，这些要素依次为：禁止使用童工、劳动合同的订立与履行、薪资与报酬、遵守工作时间规定、符合安全要求、加强环境监测、建立健全工会组织等。除了上述 42 个构成要素以外，安全教育与培训、产品标识规范等要素出现的频率也较高，也应将其考虑在内。其中禁止毒品、工作与生活的平衡、绿色统计等26个要素出现的频率低于10%，由于这些标准规则不能反映劳动密集型企业社会责任的共性，因而进行了剔除。80个构成要素见表2-7：

表 2-7 80个劳动密集型企业基本构成要素

利益相关方	构成要素	利益相关方	构成要素
员工	禁用童工	环境	清洁生产
员工	保护未成年工人	环境	淘汰高能耗产品
员工	保护女职工	环境	加强环境监测
员工	收费与抵押	环境	环保投入
员工	禁止强制或强迫劳动	环境	推广环境技术
员工	遵守工作时间规定	环境	生态保护
员工	坚持按劳分配	环境	公益环保
员工	遵守最低工资规定	环境	提高资源能源效率
员工	加班工资	环境	循环与再利用
员工	足额缴纳社会保险费	环境	遵守环境规章与标准
员工	禁止歧视	环境	环境管理体系
员工	平等对待员工	环境	开展污染预防
员工	禁止骚扰	环境	控制危险废物
员工	禁止虐待	顾客	符合安全要求
员工	工作场所安全与保障	顾客	符合质量要求
员工	安全教育与培训	顾客	产品/服务创新
员工	加强安全生产管理	顾客	产品标识规范
员工	提供安全、卫生的环境	顾客	缺陷产品处置
员工	保护女员工及未成年工	顾客	健康营销
员工	职业病防治	顾客	产品文明宣传
员工	工资同步增长机制	顾客	销售服务
员工	员工宿舍	顾客	完善客户服务
员工	特殊工种持证上岗	顾客	产品/服务主动追踪
员工	劳防用品管理	顾客	妥善处理投诉
员工	员工的职业规划	顾客	提升顾客满意
员工	劳动合同的订立与履行	合作伙伴	社会责任采购
员工	集体合同的订立与履行	合作伙伴	重合同守信用
员工	结社自由	合作伙伴	公平竞争
员工	集体谈判权利	合作伙伴	商业秩序

续表

利益相关方	构成要素	利益相关方	构成要素
员工	建立健全工会组织	合作伙伴	保护知识产权
员工	尊重平等协商权利	合作伙伴	抵制商业贿赂
员工	健全民主管理制度	合作伙伴	反对不正当竞争
员工	职业教育与培训	社区	社区活动参与
员工	决策参与	社区	企业志愿者发展
投资方	完善公司治理机制	社区	招用残障人员
投资方	健全信息披露制度	社区	公共关系
投资方	管理者制约	社区	热心公益事业
投资方	管理者职业操守	社区	落实就业政策
投资方	保护投资方权益	社区	支持社区职业技能培训
投资方	中小股东利益	社区	参与社区共建

第三章　劳动密集型企业社会责任核心要素

核心要素（Core element）是在系统中居于统帅地位的要素，是系统的重要组成部分。它关系系统生存和发展的全局，并贯彻于系统的所有具体活动中的要素。劳动密集型企业社会责任的核心要素是指在劳动密集型企业社会责任中，最为企业所关注和落实，并受到广泛接受的核心组成部分。劳动密集型企业社会责任核心要素的确定可以在一定程度上解释了该类型企业履行企业社会责任的特点以及国家与之相关的法律法规导向。它的确定为国家进一步完善劳动密集型企业社会责任政策和法规以及各考评机制提供依据。另一方面，劳动密集型企业社会责任核心要素的确定为其他类型企业社会责任的核心要素确定起到借鉴和启示作用，也为此类企业的社会责任实施指明方向。

第一节　劳动密集型企业社会责任核心要素萃取技术

一、什么是萃取技术

萃取是将存在于某一相的有机物用溶剂浸取、溶解，转入另一液相的分离过程。这个过程是利用有机物按一定的比例在两相中溶解分配的性质实现的。在近十几年中，随着生命科学、生物工程、合成药学、环境科学、食品工程的迅速发展，分析对象不断增加，对复杂基体中的各组分的分离与检验成为突出问题。对样品的预处理的要求也越来越高，如采用不正确的样品预处理方法，将导致定性、定量的错误、仪器寿命的缩短等严重后果。目前常用的传统萃取方法有很多不足，如需大量试剂，试验成本过高，样品处理步骤复杂，浪费时间、人力，样品回收率、精密度不理想，且样品易损失等问题。随着问题的出现也相应出现解决问题的方法，固相萃取、固相微萃取、超临界萃取、微波萃取等新技术应运而生。

“萃取技术”已经是一个相当成熟的技术，它被广泛地用于日常生活的管理中。例如超临界流体萃取技术在环境样品前处理、核废料处理、中草药及天然产物提取等方面的应用；液相微萃取技术在环境水样预处理中的应用；亚临界水萃取技术在污染物分析中的应用；固相萃取技术在样品处理、农残和有机污染物方面中的应用；高新技术超临界 CO_2 萃取在天然香料制取中的应用；新型液相微萃取技术在环境污染物中的应用。萃取技术通过不断革新和发展服务于现代化的管理和发展，对于整个社会的发展起到了促进作用。

二、劳动密集型企业社会责任核心要素萃取技术

受发展阶段、经济水平、要素禀赋、文化信仰等不同因素的影响，世界各国和不同的国

际组织对企业社会责任内涵的理解缺乏统一共识，对企业应承担哪些社会责任要求有着极不相同的观点。因此，在研究制定我国企业社会责任标准时，如何科学、系统地确定企业社会责任核心构成要素就成为必须解决的首要问题。

为了科学、全面地识别劳动密集型企业社会责任的核心构成要素，课题组提出了企业社会责任核心要素萃取技术。这一技术秉持"全面性、重要性、关键性"的要求，从众说纷纭的企业社会责任构成要素中，层层剥离出适合中国现阶段劳动密集型企业特征的社会责任核心要素，故形象地称之为"萃取技术"(如图 3-1 所示)。

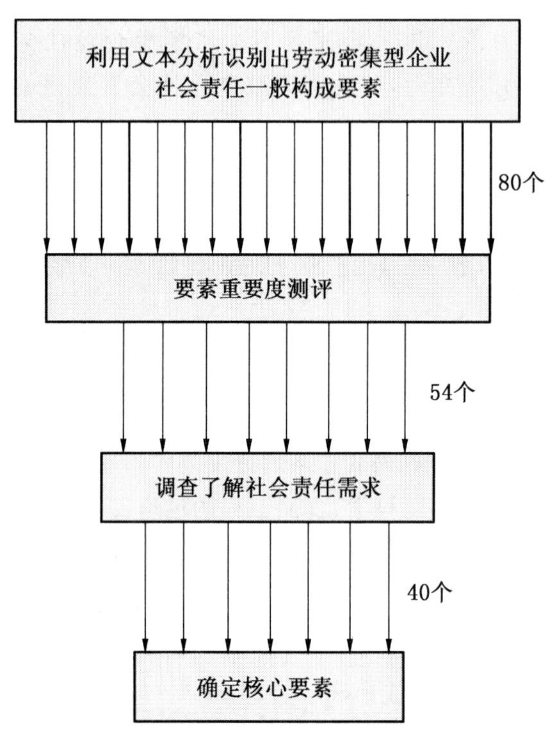

图 3-1 企业社会责任核心要素萃取过程

具体实现步骤如下：

首先，综合利益相关方理论和可持续发展理论，分别从顾客、环境、员工、社区、合作伙伴、投资方六大主要利益相关方和经济发展、社会发展与环境可持续性三方面(如图 3-2 所示)，构建劳动密集型企业社会责任构成要素分布框架，对所收集的企业社会责任相关国际公约、国际组织社会责任准则、著名跨国公司企业生产守则、国内社会责任准则或要求、国内相关法律法规等 95 份文件进行深入解读和分析，系统识别出 80 个劳动密集型企业社会责任一般构成要素。

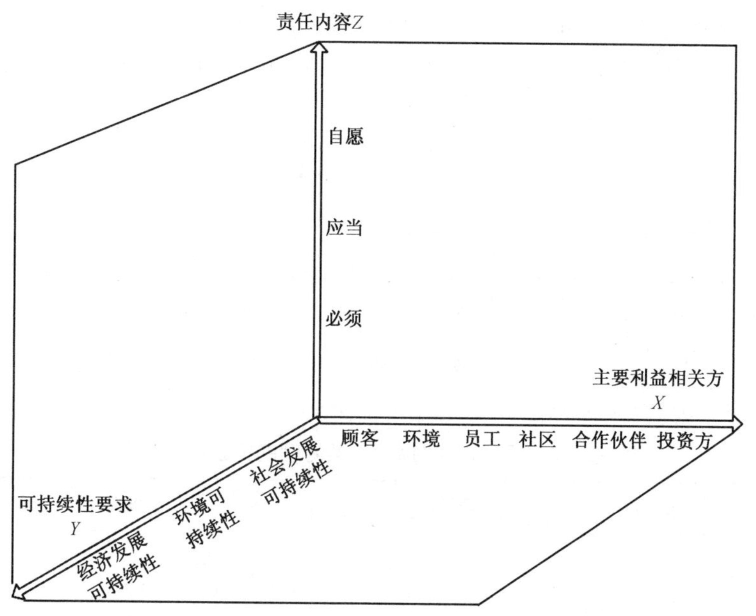

图 3-2　企业社会责任构成要素分布图

第二，建立要素重要度评价模型，用于筛选出重要的构成要素。根据相关企业社会责任标准或要求的出处，将其划分为四类：国际组织、国际性行业协会、跨国公司、国内部门或协会组织。请七位专家对不同类型标准制定组织的重要度进行赋权，并统计上述 80 个构成要素在每一类组织所制定标准中出现的频次，通过加权处理得到每一个要素的综合评价结果，将其定义为该要素的重要度。

利用上述模型，对初步确定的 80 个构成要素进行重要度评价和筛选，得到 54 个重要构成要素。

第三，结合现阶段国情特征与劳动密集型企业需求调查结果，最终确定核心要素集。为确保核心要素的确定符合我国国情特征并满足劳动密集型企业的要求，在静态研究基础上，主要通过典型企业访谈、员工座谈会、专家走访、监管机构调研、问卷调查等形式，了解劳动密集型企业对社会责任的需求和期望。

通过上述“从粗到精、从多到少、从广到窄”多个层面的层层筛选，在确保全面、突出重点的基础上，将国情特征和企业需求有机融合进来，确保了核心要素的选择既接轨国际趋势，更立足中国现阶段国情，不仅有利于为国际社会所接受，又能体现中国特色，反映中国企业对责任问题的关注，便于在国内顺利推进相关认证评价活动。

第二节　劳动密集型企业社会责任要素重要度测评

一、重要度评价模型

为了确保本课题制定的“劳动密集型企业社会责任标准”能够与国际上的相关标准接

轨，根据制定的劳动密集型 CSR 的服务对象主要是为了满足出口和达到供应商的要求，考虑到对于欧美国家以及跨国企业的要求相对比较重视，因此对于各个要素在每一类组织标准中出现的频率赋权，得到每一个要素的综合性出现频率，即每一个要素的重要度，重要度计算公式如下：

$$C_j = \sum_{i=1}^{4} Y_{ij} \cdot W_i$$

其中，C_j——要素 j 的重要度；

Y_{ij}——要素 j 在第 i 类组织标准中出现的频率；

W_i——第 i 类组织标准的重要度权重。

按照上述公式，对劳动密集型企业社会责任 80 个基本要素的重要度进行评价，表 3-1 是以"坚持按劳分配"要素为例的重要度评价测算。

表 3-1　以"坚持按劳分配"要素为例的重要度评价测算

项目	国际标准	欧美标准	跨国企业要求	我国标准/规范
W_i	0.2	0.3	0.3	0.2
Y_{ij}	66.67%	100.00%	85.71%	100.00%
C_j	C_j＝0.2×66.67%＋0.3×100%＋0.3×85.71%＋0.2×100%＝0.89			

二、要素重要度评价

为更全面地了解各相关方的重要要素，课题组分别从六个相关方的角度出发，分别确定最重要的要素，进一步确定构成劳动密集型企业社会责任标准的构成要素。

（一）与顾客相关的要素

在有关顾客的要素中，涉及要素共有 12 个，其中涉及面最广的是产品质量安全的要求，可见在多数的国际和国内企业社会责任准则中，有关顾客对于供应商或生产企业的要求还是最基本的要求，具体的统计情况如表 3-2 所示，从中筛选出 10 项要素。

表 3-2　有关顾客的要素重要度排序

排序号	要素名称	国际标准	欧美标准	跨国企业要求	我国标准/规范	重要度
1	符合安全要求	0.33	0.00	0.14	0.67	0.24
2	符合质量要求	0.33	0.00	0.14	0.67	0.24
3	产品文明宣传	0.00	0.27	0.21	0.43	0.23
4	产品标识规范	0.33	0.14	0.14	0.33	0.22
5	健康营销	0.33	0.00	0.00	0.67	0.20
6	销售服务	0.33	0.00	0.00	0.67	0.20
7	提升顾客满意	0.00	0.09	0.29	0.33	0.18
8	缺陷产品处置	0.33	0.14	0.14	0.13	0.18
9	产品/服务创新	0.00	0.00	0.07	0.67	0.15

续表

排序号	要素名称	国际标准	欧美标准	跨国企业要求	我国标准/规范	重要度
10	妥善处理投诉	0.00	0.00	0.00	0.67	0.13
11	完善客户服务	0.00	0.00	0.00	0.33	0.07
12	产品/服务主动追踪	0.00	0.00	0.00	0.33	0.07

（二）与环境相关的要素

同样对有关环境的13个要素在32份标准中涉及的程度进行了统计，发现最重要的要素是污染物的达标排放，其次是控制危险废物，第三是遵守环境规章与标准，具体数据统计情况如表3-3所示。按照重要度大于0.1的筛选原则，我们挑选了加强环境监测、控制危险废物、遵守环境规章与标准、淘汰高能耗产品、环境管理体系、开展污染预防、提高资源能源效率作为与环境相关的重要要素。生态保护的重要度虽然大于0.1(为0.18)，但由于其在各类标准的表述中是一个综合的概念，包括了加强环境监测、控制危险废物等因素的内容，因此将该要素与其他要素进行了合并。

表3-3　有关环境的要素重要度排序

排序号	要素名称	国际标准	欧美标准	跨国企业要求	我国标准/规范	重要度
1	加强环境监测	0.00	0.18	0.21	0.67	0.25
2	控制危险废物	0.00	0.18	0.21	0.43	0.20
3	遵守环境规章与标准	0.33	0.09	0.29	0.00	0.18
4	淘汰高能耗产品	0.00	0.00	0.14	0.67	0.18
5	生态保护	0.00	0.00	0.14	0.67	0.18
6	环境管理体系	0.00	0.00	0.07	0.67	0.15
7	开展污染预防	0.33	0.00	0.07	0.33	0.15
8	提高资源能源效率	0.00	0.00	0.00	0.67	0.13
9	循环与再利用	0.00	0.09	0.00	0.33	0.09
10	公益环保	0.10	0.08	0.07	0.13	0.09
11	清洁生产	0.00	0.00	0.07	0.33	0.09
12	环保投入	0.33	0.00	0.07	0.00	0.09
13	推广环境技术	0.25	0.00	0.07	0.00	0.07

（三）与员工相关的要素

在有关员工的34项要素中，其重要度评价结果见表3-4。我们可以看到结社自由、员工宿舍、员工的职业规划、禁止骚扰、禁止虐待等重要度评价都在0.09以下，小于0.1，意味着这些要素在国际、欧美、跨国企业和我国的四种标准规范中的重要度非常低，而且与职业病防治、禁止歧视、坚持按劳分配等排名靠前的要素相比重要度差距很大，可以不作为我国劳动密集型企业社会责任的主要内容，因此将重要度低于0.1的要素全部予以淘汰，不是重要的构成要素。

表 3-4 有关员工的要素重要度排序

排序号	简称	国际标准	欧美标准	跨国企业要求	我国标准/规范	重要度
1	职业病防治	0.75	1.00	0.86	1.00	0.91
2	禁止歧视	1.00	0.82	0.86	1.00	0.90
3	坚持按劳分配	0.67	1.00	0.86	1.00	0.89
4	特殊工种持证上岗	0.67	0.92	0.86	1.00	0.87
5	禁用童工	1.00	1.00	0.71	0.67	0.85
6	提供安全、卫生的环境	0.69	0.92	0.75	1.00	0.84
7	禁止强制或强迫劳动	1.00	1.00	0.64	0.67	0.83
8	劳防用品管理	0.68	0.76	0.86	0.97	0.82
9	加强安全生产管理	0.71	0.82	0.73	1.00	0.81
10	安全教育与培训	0.67	0.82	0.70	1.00	0.79
11	集体合同的订立与履行	0.51	0.82	0.73	1.00	0.77
12	平等对待员工	0.67	0.82	0.59	1.00	0.76
13	加班工资	0.33	0.91	0.71	1.00	0.75
14	足额缴纳社会保险费	0.67	0.82	0.57	1.00	0.75
15	遵守最低工资规定	0.33	0.82	0.71	1.00	0.73
16	劳动合同的订立与履行	0.33	0.82	0.71	1.00	0.73
17	工作场所安全与保障	0.33	0.82	0.93	0.67	0.72
18	遵守工作时间规定	0.00	0.82	0.71	1.00	0.66
19	集体谈判权利	1.00	0.73	0.36	0.33	0.59
20	保护女员工及未成年工	0.00	0.18	0.29	1.00	0.34
21	建立健全工会组织	0.00	0.27	0.07	1.00	0.30
22	健全民主管理制度	0.00	0.35	0.07	0.67	0.26
23	尊重平等协商权利	0.00	0.27	0.07	0.67	0.24
24	决策参与	0.00	0.09	0.14	0.67	0.20
25	保护未成年工人	0.00	0.00	0.21	0.67	0.20
26	职业教育与培训	0.00	0.09	0.07	0.67	0.18
27	保护女职工	0.00	0.18	0.07	0.33	0.14
28	结社自由	0.20	0.08	0.10	0.00	0.09
29	员工宿舍	0.00	0.20	0.11	0.00	0.09

续表

排序号	简称	国际标准	欧美标准	跨国企业要求	我国标准/规范	重要度
30	员工的职业规划	0.00	0.19	0.12	0.00	0.09
31	禁止骚扰	0.00	0.18	0.07	0.00	0.08
32	禁止虐待	0.00	0.18	0.07	0.00	0.08
33	工资同步增长机制	0.00	0.00	0.00	0.33	0.07
34	收费与抵押	0.00	0.09	0.07	0.00	0.05

以国际组织角度看，禁止歧视、禁用童工、禁止强制或强迫性劳动以及结社自由和集体谈判权是重点关注的要素；欧美国家在制定 CSR 准则时，重视的是薪酬和福利、禁用童工和禁止强制或强迫劳动方面；而作为跨国企业来说，工作场所安全与保障是关注度最高的，其次是坚持按劳分配和禁止歧视；作为我国来说，出现频次较高的是坚持按劳分配、禁止歧视和遵守工作时间规定。

从表 3-4 中可以看出，从职业病防治到保护女职工这 27 项要素是与员工相关的要素，重要度大于 0.1，因此可以作为劳动密集型企业社会责任的重要要素。我们也将重要度小于 0.1 的要素作为劳动密集型企业社会责任的一般要素，其他相关方的社会责任要素将采取类似的筛选原则。

同时，基于内容不重复的原则，我们对社会责任内容相似或相近的要素予以合并。将禁用童工、保护未成年工人、保护女职工等要素合并为保护女员工及未成年工；将禁止强制或强迫劳动和平等对待员工合并为平等对待员工；将集体谈判权利和集体合同合并为集体合同的订立与履行。由此得到表 3-4 中阴影的 22 项员工相关的要素。

（四）与合作伙伴相关的要素

在有关合作伙伴的要素中，共涉及七个要素，从重要度分析看，最重要的是公平竞争，即企业应遵循平等、自愿、公平、诚信的原则，建立健康的合作伙伴关系。排名前五位的要素如表 3-5 所示：

表 3-5 有关合作伙伴的要素重要度排序

排序号	要素名称	国际标准	欧美标准	跨国企业要求	我国标准/规范	重要度
1	公平竞争	0.67	0.00	0.21	0.67	0.33
2	反对不正当竞争	0.00	0.00	0.29	0.67	0.22
3	抵制商业贿赂	0.00	0.00	0.21	0.67	0.20
4	保护知识产权	0.00	0.00	0.14	0.67	0.18
5	重合同守信用	0.00	0.00	0.07	0.67	0.15
6	社会责任采购	0.00	0.29	0.00	0.00	0.09
7	商业秩序	0.00	0.00	0.29	0.00	0.09

（五）与投资方相关的要素

在有关投资方的六项要素中，基本的情况是重要度都偏低，最高的两项要素重要度也仅为0.11，因此可以考虑在劳动密集型企业社会责任标准中，将有关投资方的要素放在次要考虑的相关方位置上，具体情况如表3-6所示。从中挑选出两项要素。

表3-6 有关投资方的要素重要度排序

排序号	简称	国际标准	欧美标准	跨国企业要求	我国标准/规范	重要度
1	完善公司治理机制	0.00	0.00	0.14	0.33	0.11
2	健全信息披露制度	0.00	0.00	0.14	0.33	0.11
3	管理者制约	0.00	0.00	0.07	0.33	0.09
4	保护投资方权益	0.00	0.14	0.14	0.00	0.09
5	管理者职业操守	0.00	0.00	0.14	0.00	0.04
6	中小投资方利益	0.00	0.00	0.14	0.00	0.04

（六）与社区和社会相关的要素

在有关社区与社会的要素中，根据各要素在32份标准出现的频次进行排序，统计情况如表3-7所示。从国际组织和欧美国家角度看，对此项要素均没有涉及。而作为跨国企业来说，社区活动参与是关注率最高的。作为我国来说，总体出现频次较高的五个要素关注度较一致。按照重要度大于0.1的原则，将得到阴影部分的五项要素合并为热心公益事业。

表3-7 有关社区与社会的要素重要度排序

排序号	简称	国际标准	欧美标准	跨国企业要求	我国标准/规范	重要度
1	落实就业政策	0.00	0.00	0.21	0.67	0.20
2	社区活动参与	0.00	0.00	0.21	0.67	0.20
3	参与社区共建	0.00	0.00	0.07	0.67	0.15
4	招用残障人员	0.00	0.00	0.00	0.67	0.13
5	热心公益事业	0.00	0.00	0.00	0.67	0.13
6	支持社区职业技能培训	0.00	0.00	0.00	0.67	0.13
7	企业志愿者发展	0.00	0.00	0.07	0.33	0.09
8	公共关系	0.00	0.00	0.07	0.33	0.09

三、重要要素筛选

根据上述劳动密集型企业社会责任重要要素的重要度评价，将员工、投资方、环境、顾客、合作伙伴、社区六个相关方关注频度最高的重要要素进行筛选和提取，确定了54个重要要素，参见表3-8。

表 3-8　劳动密集型企业社会责任重要要素

序号	利益相关方	构成要素	序号	利益相关方	构成要素
1	员工	遵守工作时间规定	28	环境	淘汰高能耗产品
2	员工	坚持按劳分配	29	环境	加强环境监测
3	员工	遵守最低工资规定	30	环境	提高资源能源效率
4	员工	加班工资	31	环境	遵守环境规章与标准
5	员工	足额缴纳社会保险费	32	环境	环境管理体系
6	员工	禁止歧视	33	环境	开展污染预防
7	员工	平等对待员工	34	环境	控制危险废物
8	员工	工作场所安全与保障	35	顾客	符合安全要求
9	员工	安全教育与培训	36	顾客	符合质量要求
10	员工	加强安全生产管理	37	顾客	产品/服务创新
11	员工	提供安全、卫生的环境	38	顾客	产品标识规范
12	员工	保护女员工及未成年工	39	顾客	缺陷产品处置
13	员工	职业病防治	40	顾客	健康营销
14	员工	特殊工种持证上岗	41	顾客	产品文明宣传
15	员工	劳防用品管理	42	顾客	销售服务
16	员工	劳动合同的订立与履行	43	顾客	妥善处理投诉
17	员工	集体合同的订立与履行	44	顾客	提升顾客满意
18	员工	建立健全工会组织	45	合作伙伴	重合同守信用
19	员工	尊重平等协商权利	46	合作伙伴	公平竞争
20	员工	健全民主管理制度	47	合作伙伴	保护知识产权
21	员工	职业教育与培训	48	合作伙伴	抵制商业贿赂
22	员工	决策参与	49	合作伙伴	反对不正当竞争
23	投资方	完善公司治理机制	50	社区	招用残障人员
24	投资方	健全信息披露制度	51	社区	热心公益事业
25	投资方	管理者职业操守	52	社区	落实就业政策
26	投资方	保护投资方权益	53	社区	支持社区职业技能培训
27	投资方	中小投资方利益	54	社区	参与社区共建

第三节　劳动密集型企业社会责任核心要素调查分析

立足国情要求，广泛开展核心要素的论证和确认。在静态研究基础上，主要通过典型企业访谈、座谈会、专家走访、监管机构调研、问卷调查等形式，了解消费者、劳动密集型企业对社会责任的需求和期望。

课题组在上海、浙江等五个省市、四个国际会议，就社会责任核心要素的构成开展问卷调查，累计发放问卷1 350份，回收有效问卷450份，基本结果分析如下。

一、企业关注的社会责任分析

（一）对经济责任的现状分析

在经济责任的调查中，主要做了关于回报投资方这一责任的调查，调查显示：浙江民营企业对于经济责任中回报投资方这一责任现状上略低于国有企业和外商投资企业。我们可以看到，从四个指标的均值上看，外商投资企业的经济责任现状要好于国有企业，国有企业除第一项指标“投资方的红利是否随企业的增长而增长”低于民营企业外，其他三项指标都略高于民营企业。

虽然对于经济责任现状浙江民营企业略低于国有企业和外商投资企业，但差距并不是太大，并且在统计上用F检验是不显著的（如表3-9），因此可以认为，浙江民营企业的经济责任现状还是比较好的。

表3-9　经济责任现状分析表

CSR相关指标	民营企业		国有企业		外商及港澳台投资企业		F(ANOVA)
	均值	标准差	均值	标准差	均值	标准差	
投资方的红利是否随企业的增长而增长	4.25	0.828	3.87	0.776	3.98	0.912	1.952
投资方能否参与企业经营管理	3.89	0.746	3.95	0.783	4.02	0.687	1.627
能否严格按法律规定向投资方披露信息	3.03	0.565	3.26	0.634	3.88	0.843	0.568
投资方在企业重大问题决策中的决定性作用	3.56	0.857	3.41	0.627	3.42	0.762	1.467

（二）对法律责任的现状分析

对于法律责任的调查，一共涉及六项指标（如表3-10）。从表中我们可以看到浙江民营企业的法律责任现状不如国有企业和外商投资企业，主要在“从未受到相关机构或协会的商业制裁”和“总能按时支付货款”这两项指标上，民营企业的均值明显偏低，且差异是显著的。而从“与合作伙伴合作，完全履行相应的合同”，“在商业上一直与竞争对手公平竞争”，“对商业合作伙伴进行了很好的信用管理”，“从不对其他企业或其产品进行诋毁”这几个指标上看，民营企业与国有企业和外商及港澳台投资企业的差异用F检验，结果是不明显的。

因此，从总体上来看，民营企业履行法律责任现状良好，但与国有企业和外商及港澳台投资企业还是存在一定的差距。

表 3-10 法律责任现状分析表

CSR 相关指标	民营企业		国有企业		外商及港澳台投资企业		F(ANOVA)
	均值	标准差	均值	标准差	均值	标准差	
与合作伙伴合作,完全履行相应的合同	3.86	0.756	3.93	0.548	4.22	0.912	2.052
在商业上一直与竞争对手公平竞争	3.77	0.713	3.67	0.774	3.88	0.502	1.873
从未受到相关机构或协会的商业制裁	2.89	0.993	3.57	0.742	4.04	0.362	3.505
总能按时支付货款	2.75	0.258	3.75	0.665	4.29	0.771	3.356
对商业合作伙伴进行了很好的信用管理	3.24	0.334	3.13	0.338	3.74	0.258	1.831
从不对其他企业或其产品进行诋毁	3.88	0.651	4.05	0.581	4.23	0.843	1.527

（三）对伦理责任的现状分析

在对伦理责任的现状分析调查中，一共将其细分为员工权益责任、顾客权益责任和环境保护责任三个方面。

1. 员工权益责任现状分析

对员工权益责任的现状分析一共涉及 15 个指标(如表 3-11),其中“与员工都签订了合法的劳动合同”,“为员工提供培训或晋升的机会”,“员工都在 16 岁以上”,“在生活上给予特殊群体员工实质的帮助”,“员工加班,公司给予合理的加班费”,“每月按时发放职工工资”,“要求员工在受雇起始时交纳押金”,“定期安排员工进行体检”这八项指标,民营企业的均值明显小于国有企业和外商及港澳台投资企业,占了指标总量的 50%以上,说明了民营企业存在着雇佣童工,不与员工签定合法的劳动合同,拖欠员工工资等不良现象存在。

因此,从总体上看,民营企业的员工权益责任存在的问题较多,总体水平落后于国有企业和外商及港澳台投资企业。

表 3-11 员工权益责任现状分析表

CSR 相关指标	民营企业		国有企业		外商及港澳台投资企业		F(ANOVA)
	均值	标准差	均值	标准差	均值	标准差	
给员工提供了很好的工作环境	3.85	0.663	3.77	0.857	3.89	0.547	0.505
与员工都签订了合法的劳动合同	2.76	0.538	4.35	0.632	3.88	0.589	3.886

续表

CSR 相关指标	民营企业		国有企业		外商及港澳台投资企业		F(ANOVA)
	均值	标准差	均值	标准差	均值	标准差	
为员工提供培训或晋升的机会	2.55	0.772	3.75	0.557	3.75	0.668	2.351
员工可通过多种渠道与管理者沟通	2.87	0.452	3.44	0.142	3.62	0.558	1.869
对员工的奖惩体现公平、公正	3.54	0.698	3.55	0.587	3.57	0.478	0.371
进行管理决策时，征求员工的意见	3.07	0.581	3.65	0.527	3.66	0.421	0.998
不对员工进行体罚、言语侮辱	3.84	0.541	3.76	0.441	3.42	0.758	1.024
员工都在 16 岁以上	3.12	0.674	4.23	0.862	4.68	0.445	3.057
在生活上给予特殊群体员工实质帮助	3.28	0.335	4.02	0.875	4.21	0.897	2.338
不干涉员工的宗教信仰	3.97	0.425	4.33	0.147	4.78	0.421	0.364
员工加班，公司给予合理的加班费	2.87	0.541	4.17	0.778	4.23	0.681	2.868
每月按时发放职工工资	2.72	0.587	4.36	0.471	4.15	0.674	3.524
要求员工在受雇起始时交纳“押金”	3.66	0.654	2.03	0.962	1.12	0.247	2.584
定期安排员工进行体检	2.15	0.964	3.05	0.745	3.45	0.887	2.006
为所有员工购买医疗保险、养老保险和失业保险金	2.47	0.426	3.44	0.875	3.75	0.747	1.963

2. 顾客权益责任现状分析

对员工权益责任的现状分析一共涉及七个指标(如表 3-12)，从表中我们不难发现，“定期对客户进行回访”，“提供的产品或服务有很好的售后服务”这两个指标的均值，浙江民营企业明显低于国有和外商及港澳台投资企业，说明民营企业在产品售后服务与提高顾客满意度的工作上不如国有企业和外商及港澳台投资企业做得好，但在产品质量和处理产品索赔问题上，三者的差异并不显著。

表 3-12 顾客权益责任现状分析表

CSR 相关指标	民营企业		国有企业		外商及港澳台投资企业		F(ANOVA)
	均值	标准差	均值	标准差	均值	标准差	
提供的产品在质量上安全可靠	3.25	0.554	3.55	0.358	3.45	0.224	0.887
提供的产品或服务有很好的售后服务	2.56	0.587	3.68	0.527	3.87	0.547	2.236
能迅速地处理顾客提出的要求	3.03	0.665	3.74	0.558	3.62	0.963	0.987
在处理产品索赔上的花费非常高	1.82	0.678	2.32	0.365	2.23	0.852	0.957
销售产品过程中，从不使用虚假信息	3.56	0.742	4.32	0.784	3.52	0.774	1.258
定期对客户进行回访	2.03	0.778	3.15	0.963	3.62	0.532	3.476
不断提高产品或服务的质量和安全性	3.45	0.512	3.86	0.954	3.93	0.862	0.852

3. 环境保护责任的现状分析

对环境保护责任的现状分析一共涉及九个指标(如表 3-13)，从表中我们可以看到，在九项指标中，民营企业只在“公司有很好的环境保护方案”，“公司经常为环境保护活动进行捐赠”和“公司直接参与环保活动”这三个指标的均值低于国有和外商投资企业，其他的几个指标从均值上看，差距不大。

因此从总体上看，民营企业在环境保护责任的现状上与国有和外商投资企业的主要差距在于环保实践过少，大多还停留在书面形式上。

表 3-13 环境保护责任的现状分析表

CSR 相关指标	民营企业		国有企业		外商及港澳台投资企业		F(ANOVA)
	均值	标准差	均值	标准差	均值	标准差	
环保方面公司严格遵守相关法律政策	3.57	0.528	3.47	0.785	4.03	0.471	0.987
公司有很好的环境保护方案	2.56	0.339	3.05	0.741	3.26	0.554	1.852
公司利用环保能源	2.31	0.254	2.52	0.752	2.56	0.257	1.425
公司会尽量降低不可再生资源的消耗	2.41	0.856	2.55	0.874	2.51	0.988	0.886
公司所提供的产品或服务没有污染	3.45	0.751	3.87	0.452	3.45	0.874	0.421

续表

CSR 相关指标	民营企业		国有企业		外商及港澳台投资企业		F(ANOVA)
	均值	标准差	均值	标准差	均值	标准差	
公司创造产品过程对环境没有污染	3.24	0.852	3.85	0.254	3.66	0.574	0.505
公司副产品处理过程对环境没有污染	3.57	0.751	3.77	0.625	3.24	0.574	0.752
公司经常为环境保护活动进行捐赠	2.04	0.564	2.88	0.478	3.05	0.587	1.235
公司直接参与环保活动	2.07	0.449	3.77	0.458	2.87	0.974	1.886

（四）对慈善责任的现状分析

对员慈善责任的现状分析一共涉及七个指标（如表 3-14），在这七个指标中，“经常参与社区建设活动”，“为当地社区教育事业提供经济支持”，“经常参与当地社区的公益活动”这三项指标的均值远低于国有和外商投资企业，而“对社区、社会稳定非常重视”，“为当地社区经济发展提供支持”和“为当地社区的社会发展提供支持”这三个内容的调查结果也不尽如人意。

总体上看，浙江民营企业对慈善责任的履行可以说是非常少的，在调查问卷中，有 77% 的员工对“经常参与当地社区的公益活动”这一选项选择了“很少有”甚至“没有”。

表 3-14　慈善责任现状分析表

CSR 相关指标	民营企业		国有集体企业		外商及港澳台投资企业		F(ANOVA)
	均值	标准差	均值	标准差	均值	标准差	
对社区、社会稳定非常重视	2.06	0.767	3.14	0.772	3.55	0.775	1.854
经常参与社区建设活动	2.24	0.212	3.05	0.475	3.21	0.441	2.321
与当地社区保持良好接触与沟通	3.66	0.552	4.02	0.771	3.88	0.851	0.875
为当地社区经济发展提供支持	3.05	0.424	4.33	0.638	4.22	0.985	1.225
为当地社区的社会发展提供支持	3.08	0.742	4.23	0.961	4.21	0.652	1.574
为当地社区教育事业提供经济支持	2.44	0.663	4.12	0.856	3.87	0.114	2.668
经常参与当地社区的公益活动	2.16	0.691	3.88	0.832	3.78	0.854	2.327

调查问卷中根据受访企业的实际情况，把问题分为五个等级，企业从自身实际出发，按企业履行社会责任的程度，从 1 到 5 分别表示做得很不好、做得不太好、做得一般、做得比较好以及做得很好，然后对问题采用均值法进行分析(表 3-15)。

表 3-15　企业履行社会责任的程度分析

CSR 相关指标		大型企业		中型企业		小型企业	
		均值	标准差	均值	标准差	均值	标准差
员工	提供安全、卫生的环境	4.83	0.167	4.7	0.233	4.04	0.650
	工资发放情况	4.83	0.167	4.6	0.267	4.29	0.389
	安全情况	4.67	0.267	4.5	0.278	2.83	0.753
	保险情况	5	0	5	0	5	0
	加班情况	4.34	0.667	4.5	0.5	3.91	0.775
	奖罚情况	4.167	0.567	4.2	0.622	4.29	0.476
顾客	符合安全要求	5	0	4.9	0.1	4.62	0.245
	售后服务	5	0	5	0	4.71	0.216
	新产品的开发	5	0	5	0	4.83	0.145
投资方	企业管理	4	1.2	4	0.889	3.38	1.023
	企业信息	5	0	5	0	5	0
合作伙伴	合同履行情况	5	0	5	0	4.71	0.216
	公平竞争	5	0	5	0	4.75	0.282
	信用管理	5	0	4.9	0.1	4.79	0.172
慈善事业	慈善事业赞助	4.5	0.3	4	0.889	2.83	0.406
当地社区	公益活动的参与	4.33	0.667	4.3	0.678	3.58	0.514
	经济发展的帮助	4.67	0.267	4.67	0.25	4.26	0.474
环境保护	环境污染	4.83	0.167	4.7	0.223	4.37	0.419
	环境保护方案	5	0	5	0	4.75	0.196
	捐赠	3.83	0.967	3.8	0.622	3.37	0.853

从表 3-15 数据统计上看，大型企业和中型企业在对顾客、投资方和合作伙伴履行社会责任的均值基本为 5，标准差也基本为 0，说明民营企业对消费者、投资方、合作伙伴这些一级利益相关者的社会责任已经引起了重视并落实的不错，但是在对员工、慈善事业、当地社区的建设以及环境保护方面做得还不是太好，有待进一步的加强。

大型企业履行的社会责任程度明显高于中型企业，也高于小型企业，所以大型企业应该相应地承当起带头模范作用，带领小型企业逐渐地承当起企业应承担的社会责任。

（五）顾客认为企业应承担的社会责任分析

为了反映顾客对企业利益相关者的关心顺序，体现他们对企业各部分责任的关注程度，然后比较分析顾客对企业履行社会责任行为的需求水平，问卷中设计了一个对企业行为的评价表，评价的量值与表3-15的量值方式相同。

表3-16　企业行为的评价表

企业的行为	1	2	3	4	5	均值	排序
企业要为员工营造一个良好的工作环境	0%	3.8%	17%	35.2%	44%	4.19	8
在经济不景气的时候有责任保障员工的基本生活	0.5%	3.8%	14.8%	29.1%	51.6%	4.27	7
企业要保证产品的质量安全可靠	0.6%	0%	6.6%	15.5%	77.3%	4.69	1
企业在销售过程中不得使用虚假信息	0.5%	1.6%	11%	19.2%	67.6%	4.52	2
企业对其产品和服务提供良好的售后服务	0%	1.6%	5.5%	38.5%	54.4%	4.46	4
企业要不断提高产品和服务的质量和安全性能	0%	1.7%	8.8%	26.5%	63.0%	4.51	3
企业与当地社区保持良好的沟通和接触	1.1%	10.4%	24.2%	35.2%	29.1%	3.81	10
企业积极参加慈善活动和公益活动	2.2%	9.9%	29.1%	32.4%	26.4%	3.71	11
企业有很好的环境保护方案	0.6%	3.9%	9.9%	36.5%	49.2%	4.30	6
企业提供的产品和服务没有污染	0.6%	2.2%	14.4%	22.7%	60.2%	4.40	5
企业给予特殊员工平等的薪酬，公平的升迁与职业培训机会	1.6%	1.6%	18.7%	31.9%	46.2%	4.19	8

由表3-16可以得到以下结论：

第一，企业最重要的社会责任是那些与顾客利益密切相关的责任项目。从全部评价企业行为的均值来看，均值最高的前四项是：企业要保证产品的质量安全可靠、企业在销售过程中不得使用虚假信息、企业要不断提高产品和服务的质量和安全性能、企业对其产品和服务提供良好的售后服务，这四项都是对顾客这一利益相关方的责任。而均值最低的两项分别是企业与当地社区保持良好的沟通和接触、企业积极参加慈善活动和公益活动，该两项内容均属于第二章企业社会责任层次模型中的最高级责任（道义责任）。

这说明：顾客在对企业社会责任重要性的判别上，是以有利于自己的利益为标准的。他们对社会整体利益的关心主要是出于道义。有可能会出现一旦社会整体利益与顾客的自我利益发生冲突时，顾客会忽视社会整体利益。这也许就是为什么在我国假冒伪劣屡禁不止，很多对社会整体利益有关的环保产品往往难以推广的原因。

第二，除了关注直接影响顾客利益的社会责任项目之外，顾客也比较关心企业员工的利益。顾客对员工利益的关心超过了对社会道义的关注。

1. 总体而言，受访企业认为企业社会责任的表现包括：诚实纳税、员工利益、公益活动三项的比例较高，分别为98.4%、86%、85.3%。而认为企业社会责任的表现包括：企业伦理、投资方利益两项的比例较低，分别为50.4%和41.9%。

2. 其中，受访企业认为“企业社会责任”的表现包括诚实纳税这一项的比例最高，表现了受访企业良好的法律意识或是在填写问卷时对该选项的仅在书面的“格外重视”。

3. 受访的服务业企业认为“企业社会责任”的表现包括企业伦理的比例最低，仅为50%；受访的建筑业企业认为“企业社会责任”的表现包括投资方利益的比例最低，仅为18.2%；受访的制造业企业认为“企业社会责任”的表现包括员工利益的比例最低，仅为42%；分析其原因，可能并不是相关企业不重视这三项，而是将这三项划归为企业内部的责任而不是“企业的社会责任”，产生了概念归属上的偏差。

二、核心要素筛选与确定

综述企业社会责任分析和顾客认为企业应承担的社会责任分析，可以证明了表 3-8 所列示的劳动密集型企业社会责任 54 个重要要素存在的合理性与现实性。为了能更加清晰地得到劳动密集型企业社会责任的核心要素，我们针对 54 个重要要素先后在上海、山东、广东地区召开 4 次企业座谈会、1 次机构座谈会，就核心要素的构成广泛征求企业、专家意见，累计有 50 余家代表性企业和 20 余位专家参与，就核心要素的构成进行了调查和统计。

调查统计显示，关于企业社会责任的法律责任、经营责任和道德责任三方面，有 98%的被调查对象认为应该承担法律责任，认为应该承担经营责任占 92%，承担道德责任的占 91%。

企业在履行社会责任时，最重要的相关方主要是：顾客、环境、员工、合作伙伴、社区、投资方，被调查对象选择的比例分别是 95%、94%、92%、89%、85%和 82%。

企业在履行责任时应重点关注的问题主要是：保护顾客权益、加强环保节能、维护员工权益、加强诚信建设等，分别有 91%、90%、85%、82%的被调查对象做出选择。

从六个相关方的具体要素内容来看：

1. 有关顾客的责任要素，排序前列的分别是符合安全要求、符合质量要求、投诉和处理、产品文明宣传、产品标识规范、缺陷产品处置、销售服务、提升顾客满意八个，有 60%以上比例的被调查对象对此非常关注。在顾客相关的十个重要因素中，我们淘汰选择 60%以下比例的产品/服务创新和健康营销两个要素，由此得到顾客相关的八个劳动密集型企业社会责任核心要素，参见图 3-3。

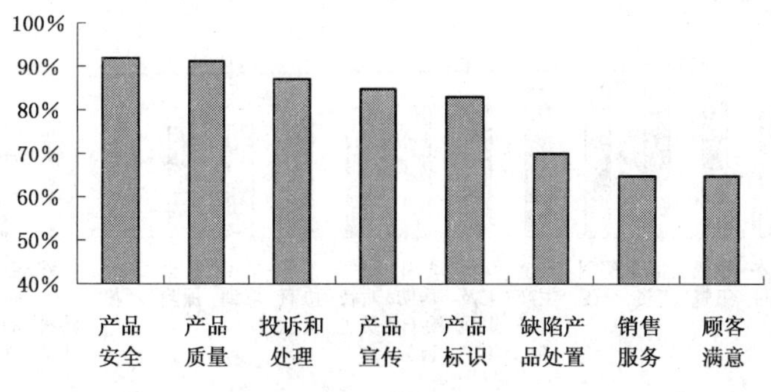

图 3-3　社会责任中的顾客责任要素排序

2. 有关环境责任要素，排序前列的分别是加强环境监测、污染预防、淘汰高能耗产品、控制危险废物、提高资源能源效率等，都有60%以上被调查对象对此非常关注，在环境相关的七个重要要素中，我们淘汰60%以下的要素（遵守环境规则与标准和环境管理体系），得到五个环境相关的劳动密集型企业社会责任核心要素，参见图3-4。

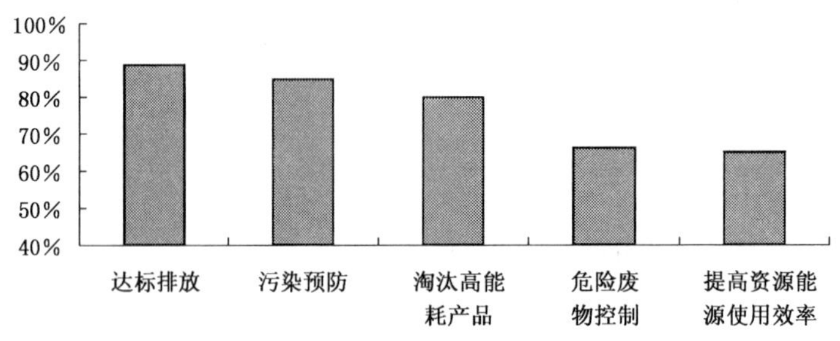

图 3-4　社会责任中的环境责任要素排序

3. 有关社区责任要素，排序前列的分别是落实就业政策、弱势群体关怀、支持社区职业技能培训、参与社区共建、公益性慈善捐助等，在社区相关的五个重要要素中，都有60%以上被调查对象对此非常关注，因此这五个重要要素就作为社区相关的劳动密集型企业社会责任核心要素，参见图3-5。

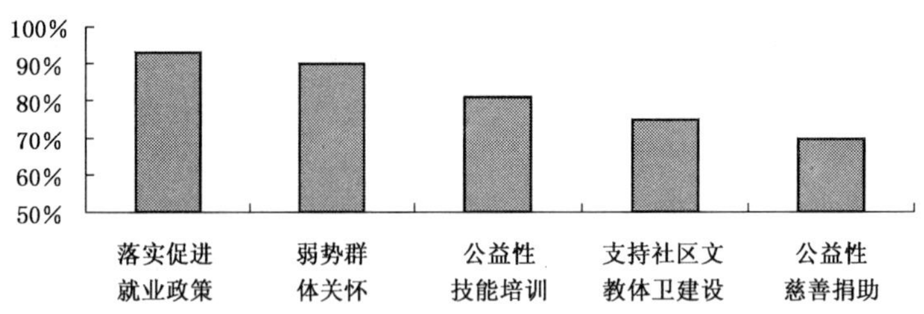

图 3-5　社会责任中的社区责任要素排序

4. 有关员工责任要素，排序前列的分别是劳动合同的订立与履行、集体合同的订立与履行、遵守最低工资规定、加班工资等17项，都有60%以上被调查对象对此非常关注，在员工相关的22个重要要素中，我们淘汰60%以下的要素（遵守工作时间规定、禁止歧视、工作场所安全与保障、安全教育与培训、决策参与），得到17项员工相关的劳动密集型企业社会责任核心要素，参见图3-6。

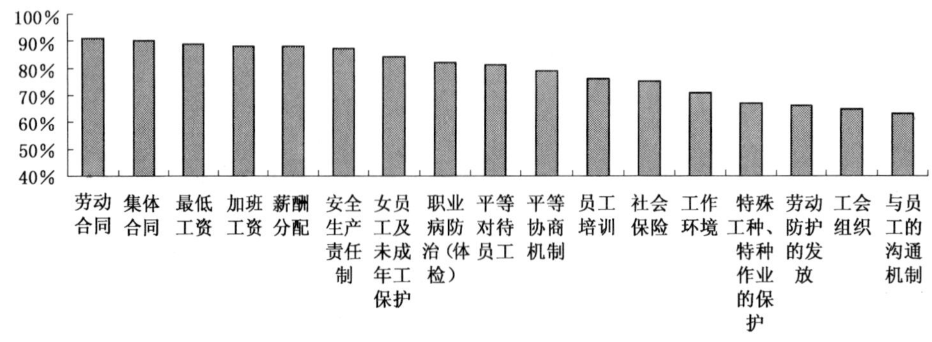

图 3-6　社会责任中的员工责任要素排序

5. 有关合作伙伴要素，排序前列的分别是重合同守信誉、反对不正当竞争、保护知识产权、抵制商业贿赂等，都有60%以上被调查对象对此非常关注，在合作伙伴相关的五个重要要素中，我们淘汰60%以下的要素(公平竞争)，得到四个合作伙伴相关的劳动密集型企业社会责任核心要素，参见图3-7。

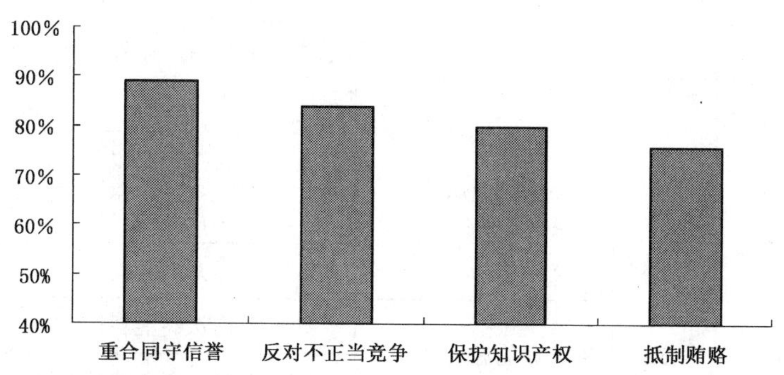

图 3-7 社会责任中的合作伙伴责任要素排序

6. 有关投资方要素，排序前列的主要是保护投资方权益和健全信息披露制度，都有60%以上被调查对象对此非常关注，其他几个要素，完善公司治理机制、管理者职业操守、中小股东利益等被关注的比例都在60%以下，由此得到两个投资方相关的劳动密集型企业社会责任核心要素，参见图3-8。

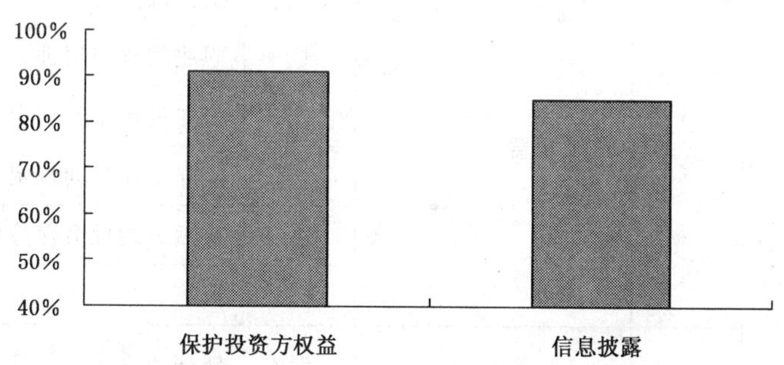

图 3-8 社会责任中的投资方责任要素排序

综合考虑我国的地区差异和产业发展不平衡，最终确定现阶段劳动密集型企业所应履行的社会责任核心要素，包括顾客、环境、员工、合作伙伴、社区、投资方六个方面13个二级要素和41个三级要素(参见表3-17)。

综合上述分析，一共得到劳动密集型企业社会责任的41个核心要素。为了便于通俗易懂和更为准确性的表达，我们参考国内外社会责任专家的建议，我们对部分核心要素的名称予以调整，例如将员工相关社会责任核心要素薪酬与福利更名为坚持按劳分配；将环境相关的核心要素污染预防更名为监测与预防。由此梳理得到我国劳动密集型企业社会责任的41个核心要素，参见表3-17。

表 3-17　我国劳动密集型企业社会责任相关方及 41 个核心要素

一级要素	序号	二级要素	序号	三级要素
对顾客的责任	1	产品质量/安全	1	符合安全要求
			2	符合质量要求
			3	产品标识规范
			4	缺陷产品处置
	2	产品销售与服务	5	产品文明宣传
			6	完善客户服务
			7	妥善处理投诉
			8	提升顾客满意
对环境的责任	3	资源和能源管理	9	淘汰高能耗产品
			10	提高资源能源效率
	4	环境管理	11	加强环境监测
			12	控制危险废物
			13	开展污染预防
对员工的责任	5	劳动合同	14	劳动合同的订立与履行
			15	集体合同的订立与履行
	6	员工权益	16	坚持按劳分配
			17	职业教育与培训
			18	遵守最低工资规定
			19	遵守工作时间规定
			20	足额缴纳社会保险费
			21	平等对待员工
	7	安全生产	22	加强安全生产管理
			23	提供安全、卫生的环境
			24	保护女员工及未成年工
			25	职业病防治
			26	特殊工种持证上岗
			27	劳防用品管理
	8	沟通协商机制	28	建立健全工会组织
			29	尊重平等协商权利
			30	健全民主管理制度

续表

一级要素	序号	二级要素	序号	三级要素
对合作伙伴的责任	9	恪守诚信	31	重合同守信用
			32	保护知识产权
	10	公平竞争	33	抵制商业贿赂
			34	反对不正当竞争
对投资方的责任	11	投资回报	35	健全信息披露制度
			36	完善公司治理机制
对社区的责任	12	就业岗位	37	落实就业政策
			38	招用残障人员
			39	支持社区职业技能培训
	13	社区建设	40	热心公益事业
			41	参与社区共建

针对41个核心要素，从我国现行相关法律法规、企业社会责任相关国际标准、国内外企业社会责任要求或准则中，对比分析相对应的责任要求，归纳总结后形成标准条款知识库，为制定标准条文、认证实施细则、评价指标体系及基准值等都提供了扎实基础。

第四章　劳动密集型企业社会责任的具体要求

第一节　确定劳动密集型企业社会责任具体要求的方法

本节将针对我国劳动密集型企业特点，在萃取获得的劳动密集型企业社会责任的核心要素基础上，根据国内外有关企业社会责任的法律法规、标准、准则或规范等要求，借鉴知识管理中的知识地图方法，设计提出用于标准条款编制的知识地图技术，对比分析相对应的社会责任要求，归纳总结后形成标准条款知识库，为制定社会责任具体要求的标准条文提供理论和法律依据。

一、知识地图简介

知识地图是一种知识信息导航系统，它是知识管理中的重要工具和输出模块，其一般构成主要包括知识的来源，整合后的知识内容，知识流和知识的汇聚等。它的作用是协助发掘智力资产的价值、所有权、位置和使用方法，从而使来自各方面的显性或隐性知识能够转化为新的知识资源。

利用知识地图方法进行企业社会责任标准条款编制的过程是在所识别出的企业社会责任核心要素基础上，从顾客、环境、员工、合作伙伴、社区、投资方六大主要利益相关方出发，针对每项利益相关方所确定的核心要素，分别一一搜索相关法律法规、国际标准、跨国公司行为守则、地方标准及部门要求、企业社会责任报告及其他相关责任要求，进行遴选、梳理、汇总，建立该标准条款要求的知识地图，在此基础上对相关要求的层次进行难易度排序，对相关要求的内容进行融合、提炼，形成逻辑清晰、言辞精炼、意义明确的标准条款要求初稿，并经专家评议后，最终制定形成符合国情特色的企业社会责任标准条款要求。

二、企业社会责任具体要求知识地图的建立

构建确定劳动密集型企业社会责任具体要求的知识地图，需要找寻、收集大量的社会责任相关信息源，如国家法律法规体系、标准体系、国际公约，并以我国现行法律法规、规章、条例、标准等为基础，结合企业经营制度、用人制度及其现状，有重点、有选择地进行知识信息收集工作。

首先，将所收集的国内外社会责任相关标准或要求进行分类，主要分为法律法规、国际标准、跨国公司行为守则、国内地方标准或部门标准、企业社会责任报告及其他。

其次，按照企业社会责任涉及的主要利益相关方，包括员工、环境、顾客、社区、合作伙伴、投资方等，对上述企业社会责任标准或要求进行逐条解读和细分，并相互交叉构建标准条款知识地图（图 4-1）。

项目	顾客	生态环境	员工	供方	社区	投资方
相关法律法规	1. 消费者权益保护法 2. 产品质量法 3. 食品安全法 4. 广告法 ……	1. 环境保护法 2. 节约能源法 3. 固体废物污染环境防治法 4. 废弃电器电子产品回收处理管理条例 ……	1. 劳动法 2. 劳动合同法 3. 安全生产法 4. 职业病防治法 ……	1. 合同法 2. 反不正当竞争法 3. 专利法 4. 商标法 ……	1. 就业促进法 2. 残疾人就业条例 3. 救灾捐赠管理办法 4. 公共文化体育设施条例 ……	1. 民法通则 2. 合同法 ……
相关国际标准	1. ISO 26000 (DIS版) 2. ISO 10001 标准 ……	1. 联合国全球契约 2. 美国 WRAP 认证准则 ……	1. 联合国全球契约 2. SA 8000 标准 ……	1. GB/T 19001 2. 卓越绩效标准 ……	1. 美国 WRAP 认证准则 ……	1. ISO 26000 (DIS版) 2. 经合组织跨国企业准则 ……
跨国公司行为守则		1. 迪士尼公司行为守则 2. 壳牌公司供应商行为守则 ……	1. 李维公司行为准则 2. 宜家家居生产守则 ……	1. 道达尔公司生产守则 2. 诺基亚供应商行为守则 ……		
地方标准及部门要求	1. 上海市企业社会责任标准 2. 浙江义乌企业社会责任标准 ……	1. 上海市企业社会责任标准 2. CSC 9000T ……	1. 上海市企业社会责任标准	1. 上海市企业社会责任标准 2. 广东食品行业责任准则 ……	1. 关于中央企业履行社会责任的指导意见 ……	1. 关于中央企业履行社会责任的指导意见 2. 上海市企业社会责任标准 ……
企业社会责任报告	1. 上海移动责任报告 2. 国家电网责任报告 ……	1. 中国石油责任报告 2. 上海日立电器责任报告 ……	1. 国家电网责任报告 2. 海尔集团责任报告 ……			

图 4-1　标准条款知识地图

在标准条款知识地图中，横向为企业在履行社会责任中所涉及的主要利益相关方，纵向为相关法律法规、国际标准、跨国公司行为守则、国内地方标准及部门标准等责任规范。

第三，针对最终确定的企业社会责任核心要素，利用标准条款知识地图，逐一收集整理每一个要素所对应的相关责任要求，并对不同要求的履行难易程度做大致排序。

【示例 1】以“产品质量/安全”这一要素为例。

我国规范生产者或经营者对顾客责任——产品质量/安全的相关法律法规主要有：《中华人民共和国消费者权益保障法》、《中华人民共和国产品质量法》、《中华人民共和国药品管理法》、《中华人民共和国食品卫生法》、《中华人民共和国商标法》、《中华人民共和国广告法》、《中华人民共和国反不正当竞争法》、《中华人民共和国反垄断法》等。

其中,《中华人民共和国产品质量法》要求经营者必须履行的责任,如:第二十六条的规定:“生产者应当对其生产的产品质量负责。产品质量应当符合下列要求:(一)不存在危及人身、财产安全的不合理的危险,有保障人体健康和人身、财产安全的国家标准、行业标准的,应当符合该标准;(二)具备产品应当具备的使用性能,但是,对产品存在使用性能的瑕疵做出说明的除外;(三)符合在产品或者其包装上注明采用的产品标准,符合以产品说明、实物样品等方式表明的质量状况。”

第二十八条:易碎、易燃、易爆、有毒、有腐蚀性、有放射性等危险物品以及储运中不能倒置和其他有特殊要求的产品,其包装质量必须符合相应要求,依照国家有关规定做出警示标志或者中文警示说明,标明储运注意事项。

第三十二条:生产者生产产品,不得掺杂、掺假,不得以假充真、以次充好,不得以不合格产品冒充合格产品。

《中华人民共和国消费者权益保护法》第三章“经营者的义务”第十六条规定:经营者向消费者提供商品或者服务,应当依照《中华人民共和国产品质量法》和其他有关法律、法规的规定履行义务。经营者和消费者有约定的,应当按照约定履行义务,但双方的约定不得违背法律、法规的规定。

第十八条:经营者应当保证其提供的商品或者服务符合保障人身、财产安全的要求。对可能危及人身、财产安全的商品和服务,应当向消费者做出真实的说明和明确的警示,并说明和标明正确使用商品或者接受服务的方法以及防止危害发生的方法。经营者发现其提供的商品或者服务存在严重缺陷,即使正确使用商品或者接受服务仍然可能对人身、财产安全造成危害的,应当立即向有关行政部门报告和告知消费者,并采取防止危害发生的措施。

第二十二条:经营者应当保证在正常使用商品或者接受服务的情况下其提供的商品或者服务应当具有的质量、性能、用途和有效期限;但消费者在购买该商品或者接受该服务前已经知道其存在瑕疵的除外。

第四十条:经营者提供商品或者服务有下列情况之一的,除本法另有规定外,应当依照《中华人民共和国产品质量法》和其他有关法律、法规的规定,承担民事责任:(一)商品存在缺陷的;(二)不具备商品应当具备的使用性能而出售时未作说明的;(三)不符合在商品或者其包装上注明采用的商品标准的;(四)不符合商品说明、实物样品等方式表明的质量状况的;(五)生产国家明令淘汰的商品或者销售失效、变质的商品的;(六)销售的商品数量不足的;(七)服务的内容和费用违反约定的;(八)对消费者提出的修理、重作、更换、退货、补足商品数量、退还货款和服务费用或者赔偿损失的要求,故意拖延或者无理拒绝的;(九)法律、法规规定的其他损害消费者权益的情形,等等。

共收集《产品质量法》、《标准化法》、《消费者权益保护法》、ISO 26000 标准(DIS 版)、壳牌公司行为守则等 11 项相关法律法规、标准或要求,其中与“产品质量/安全”紧密相关的条款要求共计 16 条(表 4-1),建立知识地图。

表 4-1　“产品质量/安全”要素的知识地图

<table>
<tr><th>种类</th><th>名称</th><th>条款序号</th><th>条款内容</th></tr>
<tr><td rowspan="12">国家法规</td><td rowspan="2">产品质量法</td><td>第十三条</td><td>可能危及人体健康和人身、财产安全的工业产品，必须符合保障……</td></tr>
<tr><td>第二十六条</td><td>生产者应当对其生产的产品质量负责。产品质量应当符合下列要求……</td></tr>
<tr><td rowspan="2">标准化法</td><td>第二十条</td><td>生产、销售、进口不符合强制性标准的产品的，由法律、行政法规……</td></tr>
<tr><td>第十四条</td><td>强制性标准，必须执行。不符合强制性标准的产品，禁止生产、销售……</td></tr>
<tr><td rowspan="2">消费者权益保护法</td><td>第十八条</td><td>经营者应当保证其提供的商品或者服务符合保障人身、财产安全的要求。对可能危及人身、财产安全的商品和服务，应当向消费者做出真实的说明和明确的警示，并说明和标明正确使用商品或者接受服务的方法以及防止危害发生的方法</td></tr>
<tr><td>第四十条</td><td>（五）生产国家明令淘汰的商品或者销售失效、变质的商品的……</td></tr>
<tr><td>安全生产法</td><td>第八十四条</td><td>未经依法批准，擅自生产、经营、储存危险物品的，责令停止违法行为或者予以关闭，没收违法所得，违法所得十万元以上的……</td></tr>
<tr><td rowspan="3">强制性产品认证管理规定</td><td>第五条</td><td>凡列入《目录》的产品，必须经国家指定的认证机构认证合格……</td></tr>
<tr><td>第二十五条</td><td>《目录》中的产品，未按本规定实施认证的，可以处三万元以下罚款……</td></tr>
<tr><td>第二十六条</td><td>《目录》中的产品获得认证证书、未按规定使用认证标志的，责令……</td></tr>
<tr><td rowspan="3">国内社会责任要求</td><td>央企社会责任指导意见</td><td>第十条</td><td>切实提高产品质量和服务水平。保证产品和服务的安全性，改善产品性能，完善服务体系，努力为社会提供优质安全健康的产品和服务</td></tr>
<tr><td>中国 CSR 指南</td><td>7.2</td><td>质量与安全
7.2.1 质量与安全原则……7.2.2 保障措施……7.2.3 止损和赔偿</td></tr>
<tr><td>上海市企业社会责任标准</td><td>4.2</td><td>产品质量和安全
企业应确保产品符合相关的质量标准和安全标准……</td></tr>
<tr><td>国际标准</td><td>ISO 26000（DIS 版）</td><td>6.7.4.2</td><td>相关行动和（或）期望：在保护消费者的健康和安全方面，组织机构……</td></tr>
<tr><td rowspan="2">供应商验厂守则</td><td>壳牌</td><td>责任 B</td><td>凭借技术、环保和商务方面的专业知识，开发和提供品质优良……</td></tr>
<tr><td>道达尔公司</td><td>客户</td><td>为顾客提供高质量的产品和服务，并一直致力于为顾客提供……</td></tr>
</table>

课题组根据上述知识地图的信息，将《劳动密集型企业社会责任》标准关于“产品质量/安全”要素条款确定为：

（一）4.1.1　产品质量/安全

（二）4.1.1.1　企业应确保其产品符合人体健康和人身、财产安全

【示例2】以“资源和能源管理”这一要素为例。

针对资源和能源管理，识别并获取适用的法律法规、规范以及其他相关要求，如：

《环境保护法》第二十五条规定：新建工业企业和现有工业企业的技术改造，应当采取资源利用率高、污染物排放量少的设备和工艺，采用经济合理的废弃物综合利用技术和污染物处理技术；第三十条规定：禁止引进不符合我国环境保护规定要求的技术和设备。

《节约能源法》第十三条规定：禁止新建技术落后、耗能过高、严重浪费能源的工业项目。禁止新建的耗能过高的工业项目的名录和具体实施办法，由国务院管理节能工作的部门会同国务院有关部门制定。第十五条规定：国务院管理节能工作的部门应当会同国务院有关部门对生产量大面广的用能产品的行业加强监督，督促其采取节能措施，努力提高产品的设计和制造技术，逐步降低本行业的单位产品能耗。第十七条规定：国家对落后的耗能过高的用能产品、设备实行淘汰制度；淘汰的耗能过高的用能产品、设备的名录由国务院管理节能工作的部门会同国务院有关部门确定并公布。具体实施办法由国务院管理节能工作的部门会同国务院有关部门制定。第二十一条规定：用能单位应当按照合理用能的原则，加强节能管理，制定并组织实施本单位的节能技术措施，降低能耗；用能单位应当开展节能教育，组织有关人员参加节能培训；未经节能教育、培训的人员，不得在耗能设备操作岗位上工作。第二十二条规定：用能单位应当加强能源计量管理，健全能源消费统计和能源利用状况分析制度。第二十三条规定：用能单位应当建立节能工作责任制，对节能工作取得成绩的集体、个人给予奖励。第二十四条规定：生产耗能较高的产品的单位，应当遵守依法制定的单位产品能耗限额。第二十五条规定：生产、销售用能产品和使用用能设备的单位和个人，必须在国务院管理节能工作的部门会同国务院有关部门规定的期限内，停止生产、销售国家明令淘汰的用能产品，停止使用国家明令淘汰的用能设备，并不得将淘汰的设备转让给他人使用。

《清洁生产促进法》第十二条规定：国家对浪费资源和严重污染环境的落后生产技术、工艺、设备和产品实行限期淘汰制度；国务院经济贸易行政主管部门会同国务院有关行政主管部门制定并发布限期淘汰的生产技术、工艺、设备以及产品的名录；第十八条规定：新建、改建和扩建项目应当进行环境影响评价，对原料使用、资源消耗、资源综合利用以及污染物产生与处置等进行分析论证，优先采用资源利用率高以及污染物产生量少的清洁生产技术、工艺和设备。

国资委要求，如第十一条规定：发展节能产业，开发节能产品，发展循环经济，提高资源综合利用效率。增加环保投入，改进工艺流程，降低污染物排放，实施清洁生产，坚持走低投入、低消耗、低排放和高效率的发展道路。

上海市社会责任标准相关条款，如3.2.1.4.1条规定：企业宜不断采取改进设计、使用清洁的能源和原料、采用先进的工艺技术与设备、改善管理、综合利用等措施，从源头减少污染，提高资源利用效率，减少或者避免生产、服务和产品使用过程中污染物的产生和排放，以减轻或者消除对人类健康和环境的危害。3.2.2.1.1条规定：企业应在经营活动中减少不可再生资源的消耗，提高其利用率，积极开发和使用替代资源。3.2.2.1.2条规定：企业应通过确定关键指标来监测、控制和降低单位产值的资源消耗及水耗、能耗，将节能、节水和资源综合利用纳入对经营活动的考核范围。3.2.2.3 条规定：企业宜根据实际情况，对员工进行节能办公意识教育和培训，并建立和实施规范、有效的节能办法，等等。

共收集《环境保护法》、《节约能源法》、《清洁生产促进法》、《标准化法》、《消费者权益保护法》、ISO 26000 标准（DIS 版）、壳牌公司行为守则等 10 项相关法律法规、标准或要求，其中与“资源和能源管理”紧密相关的条款要求共计 22 条（表 4-2），建立知识地图。

表 4-2　“资源和能源管理”要素的知识地图

种类	名称	条款序号	条　款　内　容
国家法规	环境保护法	第二十五条	新建工业企业和现有工业企业的技术改造，应当采取资源利用率高、污染物排放量少的设备和工艺，采用经济合理的废弃物综合利用技术和污染物处理技术
		第三十条	禁止引进不符合我国环境保护规定要求的技术和设备
	节约能源法	第十三条	禁止新建技术落后、耗能过高、严重浪费能源的工业项目。禁止新建的耗能过高的工业项目的名录和具体实施办法，由国务院管理节能工作的部门会同国务院有关部门制定
		第十五条	国务院管理节能工作的部门应当会同国务院有关部门对生产量大面广的用能产品的行业加强监督，督促其采取节能措施，努力提高产品的设计和制造技术，逐步降低本行业的单位产品能耗
		第十七条	国家对落后的耗能过高的用能产品、设备实行淘汰制度；淘汰的耗能过高的用能产品、设备的名录由国务院管理节能工作的部门会同国务院有关部门确定并公布。具体实施办法由国务院管理节能工作的部门会同国务院有关部门制定
		第二十一条	用能单位应当按照合理用能的原则，加强节能管理，制定并组织实施本单位的节能技术措施，降低能耗；用能单位应当开展节能教育，组织有关人员参加节能培训；未经节能教育、培训的人员，不得在耗能设备操作岗位上工作
		第二十二条	用能单位应当加强能源计量管理，健全能源消费统计和能源利用状况分析制度
		第二十三条	用能单位应当建立节能工作责任制，对节能工作取得成绩的集体、个人给予奖励
		第二十四条	生产耗能较高的产品的单位，应当遵守依法制定的单位产品能耗限额
		第二十五条	生产、销售用能产品和使用用能设备的单位和个人，必须在国务院管理节能工作的部门会同国务院有关部门规定的期限内，停止生产、销售国家明令淘汰的用能产品，停止使用国家明令淘汰的用能设备，并不得将淘汰的设备转让给他人使用

续表

种类	名称	条款序号	条　款　内　容
国家法规	清洁生产促进法	第十二条	国家对浪费资源和严重污染环境的落后生产技术、工艺、设备和产品实行限期淘汰制度；国务院经济贸易行政主管部门会同国务院有关行政主管部门制定并发布限期淘汰的生产技术、工艺、设备以及产品的名录
		第十八条	新建、改建和扩建项目应当进行环境影响评价，对原料使用、资源消耗、资源综合利用以及污染物产生与处置等进行分析论证，优先采用资源利用率高以及污染物产生量少的清洁生产技术、工艺和设备
	国资委要求	第十一条	发展节能产业，开发节能产品，发展循环经济，提高资源综合利用效率。增加环保投入，改进工艺流程，降低污染物排放，实施清洁生产，坚持走低投入、低消耗、低排放和高效率的发展道路
	中国CSR指南	9.1.2	消耗和替代 应在经营活动中减少不可再生资源的消耗，提高其使用效率，积极开发和使用替代资源
		9.1.3	指标和考核 应确定关键绩效指标来监测、控制和降低单位产值的资源消耗及能耗，将节能、节水和资源综合利用纳入对经营活动的考核范围
		10.3	清洁生产 应采用清洁生产模式，从源头和生产经营全过程采取有效预防措施，减少环境影响和资源消耗
	上海市企业社会责任标准	3.2.1.4.1	企业宜不断采取改进设计、使用清洁的能源和原料、采用先进的工艺技术与设备、改善管理、综合利用等措施，从源头减少污染，提高资源利用效率，减少或者避免生产、服务和产品使用过程中污染物的产生和排放，以减轻或者消除对人类健康和环境的危害
		3.2.2.1.1	企业应在经营活动中减少不可再生资源的消耗，提高其利用率，积极开发和使用替代资源
		3.2.2.1.2	企业应通过确定关键指标来监测、控制和降低单位产值的资源消耗及水耗、能耗，将节能、节水和资源综合利用纳入对经营活动的考核范围
		3.2.2.3	企业宜根据实际情况，对员工进行节能办公意识教育和培训，并建立和实施规范、有效的节能办法

续表

种类	名称	条款序号	条款内容
国际标准	ISO 26000 (DIS版)		使用环境无害技术和方法。组织应力争使用并在适当的时候促进环境无害技术和服务的发展与推广(见里约宣言原则9[114])
			—识别能源、水和其他物质使用的来源； —针对能源、水和其他物质的大量使用，进行测量、记录和报告； —实施资源效率方法，参照最佳实践指标和其他衡量基准，减少对能源、水和其他物质的使用； —用可供选择的可更新、低影响资源补充或替代非再生资源； —管理水资源，确保流域内所有用户公平获得水资源
供应商验厂守则	壳牌		
	道达尔公司		

课题组根据上述知识地图的信息，将《劳动密集型企业社会责任》标准关于"资源和能源管理"要素条款确定为：

(三) 4.2.1 资源和能源管理
(四) 4.2.1.1 企业应严格遵守国家淘汰高能耗产品的相关制度，生产达到相关能效标准要求的产品

【示例3】以员工责任中"遵守最低工资规定"这一要素为例。

针对员工的工资的标准规定、支付方法等管理，识别并获取适用的法律法规、规范以及其他相关要求，如：

《劳动法》第四十六条规定：工资分配应当遵循按劳分配原则，实行同工同酬。工资水平在经济发展的基础上逐步提高。国家对工资总量实行宏观调控。第四十七条规定：用人单位根据本单位的生产经营特点和经济效益，依法自主确定本单位的工资分配方式和工资水平。第四十八条规定：国家实行最低工资保障制度。最低工资的具体标准由省、自治区、直辖市人民政府规定，报国务院备案。用人单位支付劳动者的工资不得低于当地最低工资标准。第四十九条规定：确定和调整最低工资标准应当综合参考下列因素：(一)劳动者本人及平均赡养人口的最低生活费用；(二)社会平均工资水平；(三)劳动生产率；(四)就业状况；(五)地区之间经济发展水平的差异。第五十条规定：工资应当以货币形式按月支付给劳动者本人。不得克扣或者无故拖欠劳动者的工资。第五十一条规定：劳动者在法定休假日和婚丧假期间以及依法参加社会活动期间，用人单位应当依法支付工资。

《劳动合同法》第十一条规定：用人单位未在用工的同时订立书面劳动合同，与劳动者约定的劳动报酬不明确的，新招用的劳动者的劳动报酬按照集体合同规定的标准执行；没

有集体合同或者集体合同未规定的，实行同工同酬。第十七条规定：劳动合同应当具备以下条款：(六)劳动报酬。第十八条规定：劳动合同对劳动报酬和劳动条件等标准约定不明确，引发争议的，用人单位与劳动者可以重新协商；协商不成的，适用集体合同规定；没有集体合同或者集体合同未规定劳动报酬的，实行同工同酬；没有集体合同或者集体合同未规定劳动条件等标准的，适用国家有关规定。第二十条规定：劳动者在试用期的工资不得低于本单位相同岗位最低档工资或者劳动合同约定工资的百分之八十，并不得低于用人单位所在地的最低工资标准。第二十二条规定：用人单位与劳动者约定服务期的，不影响按照正常的工资调整机制提高劳动者在服务期期间的劳动报酬。第三十条规定：用人单位应当按照劳动合同约定和国家规定，向劳动者及时足额支付劳动报酬。用人单位拖欠或者未足额支付劳动报酬的，劳动者可以依法向当地人民法院申请支付令，人民法院应当依法发出支付令。

国务院《职工带薪年休假条例》第七条规定：单位不安排职工休年休假又不依照本条例规定给予年休假工资报酬的，由县级以上地方人民政府人事部门或者劳动保障部门依据职权责令限期改正；对逾期不改正的，除责令该单位支付年休假工资报酬外，单位还应当按照年休假工资报酬的数额向职工加付赔偿金；对拒不支付年休假工资报酬、赔偿金的，属于公务员和参照公务员法管理的人员所在单位的，对直接负责的主管人员以及其他直接责任人员依法给予处分；属于其他单位的，由劳动保障部门、人事部门或者职工申请人民法院强制执行。

《ISO 26000 社会责任指南(DIS 版)》第 6.4.4.2 条规定：组织应当针对工资、工时、每周休息时间、休假、健康与安全、生育保护和家庭责任关系处理方面提供适宜的条件；提供符合国家法律和实施条件的工资和其他工作条件，例如集体协议。组织提供的工资应至少能满足工人及家庭生活需要。在这样做时，应考虑该国的工资水平、生活成本、社保津贴和其他社会群体相对的生活水平。还应当考虑经济因素，包括经济发展、生产率以及达到和保持高就业的可能性。在综合考虑并决定工资和工作条件时，组织应当在工人需要的时候与他们进行集体谈判；同工同酬；直接向工人付工资，只接受法律或集体协议制定的规范和工资的条款。

《SA 8000：2008 社会责任》第 2.2 条规定：公司及为公司提供劳工的实体不得扣留工人的部分工资、福利、财产或证件，以迫使员工在公司连续工作。

中国工业经济联合会等《中国工业企业及工业协会社会责任指南》第 5.3.7.2 条规定：劳动合同与薪酬——遵守国家劳动法律法规，依法与员工签订劳动合同；——按时足额发放薪酬；——建立员工薪酬增长制度；——引导员工合理规划薪酬。

共收集《劳动法》、《劳动合同法》、国务院《职工带薪年休假条例》、《ISO 26000 社会责任指南(DIS 版)》、《SA 8000：2008 社会责任》和中国工业经济联合会等《中国工业企业及工业协会社会责任指南》六项相关法律法规、标准或要求，其中与员工“遵守最低工资规定”紧密相关的条款要求共计 16 条(表 4-3)，建立知识地图。

表 4-3　“遵守最低工资规定”要素的知识地图

种类	名称	条款序号	条款内容
国家法规	劳动法	第四十六条	工资分配应当遵循按劳分配原则，实行同工同酬。工资水平在经济发展的基础上逐步提高。国家对工资总量实行宏观调控
		第四十七条	用人单位根据本单位的生产经营特点和经济效益，依法自主确定本单位的工资分配方式和工资水平
		第四十八条	国家实行最低工资保障制度。最低工资的具体标准由省、自治区、直辖市人民政府规定，报国务院备案。用人单位支付劳动者的工资不得低于当地最低工资标准
		第四十九条	确定和调整最低工资标准应当综合参考下列因素：(一)劳动者本人及平均赡养人口的最低生活费用；(二)社会平均工资水平；(三)劳动生产率；(四)就业状况；(五)地区之间经济发展水平的差异
		第五十条	工资应当以货币形式按月支付给劳动者本人。不得克扣或者无故拖欠劳动者的工资
		第五十一条	劳动者在法定休假日和婚丧假期间以及依法参加社会活动期间，用人单位应当依法支付工资
	劳动合同法	第十一条	用人单位未在用工的同时订立书面劳动合同，与劳动者约定的劳动报酬不明确的，新招用的劳动者的劳动报酬按照集体合同规定的标准执行；没有集体合同或者集体合同未规定的，实行同工同酬
		第十七条	劳动合同应当具备以下条款：(六)劳动报酬
		第十八条	劳动合同对劳动报酬和劳动条件等标准约定不明确，引发争议的，用人单位与劳动者可以重新协商；协商不成的，适用集体合同规定；没有集体合同或者集体合同未规定劳动报酬的，实行同工同酬；没有集体合同或者集体合同未规定劳动条件等标准的，适用国家有关规定
		第二十条	劳动者在试用期的工资不得低于本单位相同岗位最低档工资或者劳动合同约定工资的百分之八十，并不得低于用人单位所在地的最低工资标准
		第二十二条	用人单位与劳动者约定服务期的，不影响按照正常的工资调整机制提高劳动者在服务期期间的劳动报酬
		第三十条	用人单位应当按照劳动合同约定和国家规定，向劳动者及时足额支付劳动报酬。用人单位拖欠或者未足额支付劳动报酬的，劳动者可以依法向当地人民法院申请支付令，人民法院应当依法发出支付令

续表

种类	名称	条款序号	条　款　内　容
国家法规	国务院《职工带薪年休假条例》	第七条	单位不安排职工休年休假又不依照本条例规定给予年休假工资报酬的，由县级以上地方人民政府人事部门或者劳动保障部门依据职权责令限期改正；对逾期不改正的，除责令该单位支付年休假工资报酬外，单位还应当按照年休假工资报酬的数额向职工加付赔偿金；对拒不支付年休假工资报酬、赔偿金的，属于公务员和参照公务员法管理的人员所在单位的，对直接负责的主管人员以及其他直接责任人员依法给予处分；属于其他单位的，由劳动保障部门、人事部门或者职工申请人民法院强制执行
国际标准	ISO 26000（DIS 稿）	第 6.4.4.2 条	组织应当针对工资、工时、每周休息时间、休假、健康与安全、生育保护和家庭责任关系处理方面提供适宜的条件；提供符合国家法律和实施条件的工资和其他工作条件，例如集体协议。组织提供的工资应至少能满足工人及家庭生活需要。在这样做时，应考虑该国的工资水平、生活成本、社保津贴和其他社会群体相对的生活水平。还应当考虑经济因素，包括经济发展、生产率以及达到和保持高就业的可能性。在综合考虑并决定工资和工作条件时，组织应当在工人需要的时候与他们进行集体谈判；同工同酬；直接向工人付工资，只接受法律或集体协议制定的规范和工资的条款
行业或国外标准	SA 8000:2008	第 2.2 条	公司及为公司提供劳工的实体不得扣留工人的部分工资、福利、财产或证件，以迫使员工在公司连续工作
	中国工业企业及工业协会社会责任指南	第 5.3.7.2 条	劳动合同与薪酬——遵守国家劳动法律法规，依法与员工签订劳动合同；——按时足额发放薪酬；——建立员工薪酬增长制度；——引导员工合理规划薪酬

课题组根据上述知识地图的信息，将《劳动密集型企业社会责任》标准关于“遵守最低工资规定”要素条款确定为：

（五）4.3.2　最低工资

（六）4.3.2.3　企业支付的薪酬应满足当地最低工资标准规定，以货币形式按时足额支付员工工资

基于知识地图的方法，参照上述过程，在满足法律法规具体要求的前期下，本着“去芜存菁、适度提高”的原则，结合专家经验，对本书第三章确定的员工、环境、顾客、社区、合作伙伴、投资方六个方面涉及的核心要素，一一细分、提炼、表述，构成劳动密集型企业社会责任的具体要求。

第二节　劳动密集型企业社会责任具体要求的确定

将知识地图应用、提炼、确定的劳动密集型企业社会责任各项条款要求，梳理形成具体要求。

本书从顾客、环境、员工、社区、合作伙伴、投资方六个方面出发，规定了中国(境内)劳动密集型企业履行社会责任应遵循的具体要求。为确保满足这些具体要求，企业应建立、实施、保持社会责任管理体系，并形成文件。具体要求如下：

一、对顾客的责任

(一) 产品质量/安全

企业应确保其产品符合人体健康和人身、财产安全的相关要求。

企业应确保产品符合相关的国家强制性标准和质量标准。

产品及其包装上的标识必须真实、规范，能真实传递产品和服务信息，充分保障消费者权益。

当产品投放市场或提供服务后，发现可能存在危及顾客安全和健康的缺陷时，企业应采取适当方式进行处置；适用时，主动将产品从市场召回或提供补偿。

(二) 产品销售与服务

企业应以健康文明方式进行广告及商业宣传，确保商品信息的真实且有科学依据。

企业应为顾客提供便利、及时、满意的服务。

企业应建立顾客投诉处理程序，妥善处理顾客投诉，提高投诉处理的满意度。

企业应监视顾客关于是否满足其要求感受的相关信息，并确定获取和利用这种信息的方法，不断提高顾客满意度。

二、对环境的责任

(一) 资源和能源管理

企业应严格遵守国家淘汰高能耗产品的相关制度，生产达到相关能效标准要求的产品。

企业应确定优先控制的能源因素，开展节能规划工作，不断提高资源、能源使用效率。

(二) 环境管理

企业应加强环境监测，确保污染物的排放达到相关标准要求并逐渐减少。

企业应采取措施，防止或者减少危险废物对环境的污染。

企业应采取有效措施，积极开展污染预防工作。

三、对员工的责任

(一) 劳动合同

企业招用员工，建立劳动关系时，应当按照法律法规的要求，遵循平等自愿、协商一致、诚实信用的原则，订立书面劳动合同；劳动合同的订立、履行、变更、解除和中止，应符合相关法律、法规的规定。

工会或职工代表与企业之间，为规定用人单位和全体职工的权利义务而依法就集体合同条款经过协商一致，确立集体合同关系的，应符合我国相关法律法规的规定。

（二）员工权益

企业应遵循按劳分配原则，进行工资分配，不因惩戒目的而扣减工资。

企业应当建立职业教育培训制度，按照国家规定提取和使用职业教育培训经费。

企业支付的薪酬应满足当地最低工资标准规定，以货币形式按时足额支付员工工资。

企业应当遵守国家法律、法规有关工作时间的要求，在正常情况下，企业应保证员工每日工作不超过 8 小时、每周工作不超过 40 小时，超时部分按规定足额支付报酬。

企业应当为员工缴纳社会保险费。

在涉及聘用、报酬、培训机会、升迁、解职或退休等事项上，企业应杜绝一切基于宗教、种族、地域、政治面貌、性别、年龄、婚姻状况、身体残疾或其他方面的歧视。

（三）安全生产

企业应严格执行国家有关劳动安全卫生的规定和标准，建立健全劳动安全管理制度和安全生产责任制。

企业应提供一个安全、卫生的工作环境，保证其劳动安全卫生设施达到国家规定的标准。

企业应加强对女员工及未成年工的特殊保护。

企业应加强职业病的防治管理，按规定安排职业健康检查并保存记录。

企业应对于从事特种作业的员工，如焊工、电工、锅炉工、起重工等，组织职业技能培训，确保特种作业员工持证上岗。

企业应指导员工正确使用职业病防护设备和防护用品，并做好劳防用品的发放情况记录。

（四）沟通协商机制

企业应建立健全工会组织，确保工会组织及其代表依法行使职责，维护员工的合法权益。

企业应尊重员工参加工会以及平等协商的权利。

企业应建立健全民主管理制度，充分听取员工的意见和建议，并建立与员工的沟通机制。

四、对合作伙伴的责任

（一）恪守诚信

企业应诚实、公平、守信地订立、履行商业合同，建立健康诚信的商业伙伴关系。

企业在自身经营过程中，应尊重和保护合作伙伴的知识产权，不参与任何侵犯知识产权的活动。

（二）公平竞争

企业应在采购、招投标等经营活动中抵制行贿、索贿等各种形式的商业贿赂，并鼓励举报商业贿赂行为。

企业应采用正当手段获得竞争优势，反对商业垄断，不损害竞争对手的商业信誉。

五、对投资方的责任

建立健全企业信息披露等相关制度，按照规定及时有效地披露应向投资方公开的信息。

建立经营者经营责任制和财务管理制度，确保公司财务稳健，保障公司资产、资金安全和增值，保护投资方权益。

六、对社区的责任

（一）就业岗位

企业应积极配合落实政府促进就业的法律法规、政策及措施，提供相应的工作岗位，配合街道、居民委员会解决待业劳动力的安置问题。

招用残障等特殊人群的企业，应妥善为其安排适当的工作岗位，并加强对其的教育培养和技能培训。

企业应积极配合社区的职业技能培训，为其进行技术指导，并提供场地和实践机会。

（二）社区建设

企业应积极参与慈善捐助等社会公益事业，不应以捐赠和慈善为名从事营利性活动。

企业应视实际情况，安排相应的人力和财力，支持社区在医疗卫生、教育文化等方面的基础设施建设。

采用知识地图方法研究输出形成的“劳动密集型企业社会责任 要求”，从顾客、环境、员工、合作伙伴、社区、投资方六大方面体现了劳动密集型企业在社会责任履行中的必尽之责、应尽之责和愿尽之责三个层面的具体要求，具有针对性、适宜性，有助于该类企业实践社会责任的需求。同时确定劳动密集型企业社会责任具体要求的知识地图，保证了各项要求具有可靠的依据和付诸实施的可操作性。

第五章　劳动密集型企业履行社会责任的评价

目前,国际上通用的劳动密集型企业社会责任评价一般采用类似于合格评定中定性评价的方式,对企业在顾客、环境和员工等方面履行社会责任的状况进行评价。按评价人员或其名义分为第一方评价、第二方评价和第三方评价,后两种评价比较客观。本章所述的劳动密集型企业履行社会责任的评价以第三方评价实施为描述重点。

劳动密集型企业履行社会责任的评价是以《劳动密集型企业社会责任》标准为依据,通过面谈、观察及文件、记录审查等常用的评价方法,对劳动密集型企业履行社会责任要求的符合性、适宜性和有效性进行评价。本章将着重对劳动密集型企业履行社会责任的评价程序、要点和方法进行阐述。

第一节　劳动密集型企业社会责任评价程序

劳动密集型企业社会责任评价采用 ISO/IEC 17021 和 ISO 19011 中所规定的合格评定的程序,第三方劳动密集型企业社会责任评价活动,大致可分为四个阶段:申请和评审,评价的启动,评价(现场评价活动的准备,现场评价活动的实施,评价报告,评价完成)以及评价后续活动的实施。劳动密集型企业社会责任评价的主要活动如图 5-1 所示:

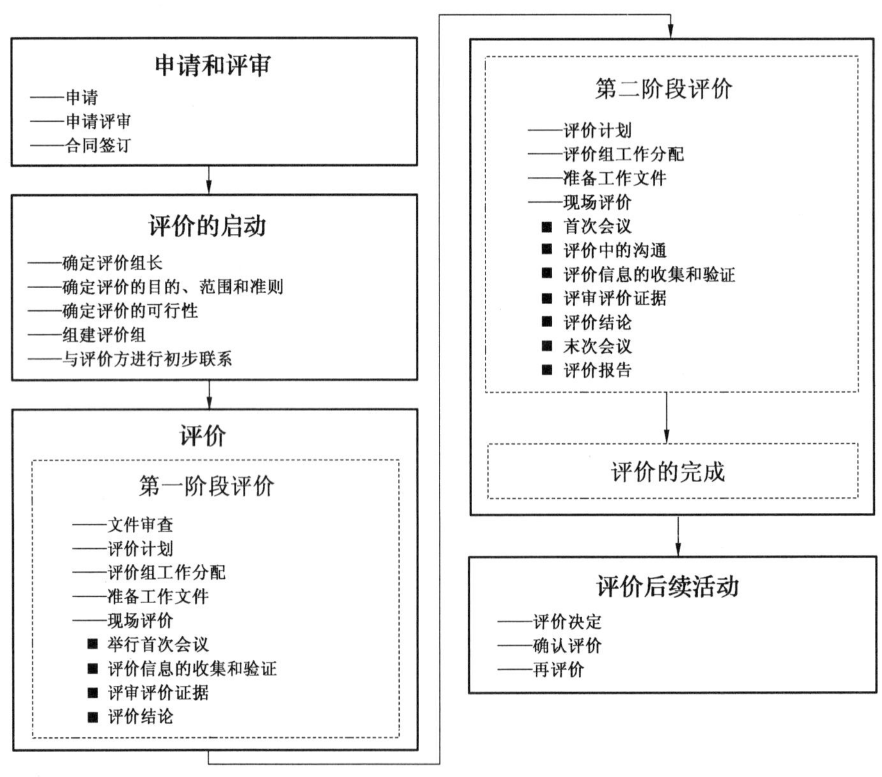

图 5-1　劳动密集型企业社会责任评价的主要活动

一、申请和评审

（一）申请

评价机构应要求申请劳动密集型企业社会责任评价企业的授权代表提供必要的信息，以便共同协商确定评价范围，被评价企业的一般特征（包括其名称、物理场所的地址、过程和运作的重要方面以及任何相关的法律义务）和被评价企业与申请评价的领域相关的一般信息（包括其活动，人力与技术资源，适用时，宜明确其在一个较大实体中的职能和所处的关系）。

（二）申请评审

评价机构应对评价申请信息进行评审，以确保：被评价企业的社会责任信息充分；评价要求得到明确规定并形成文件，且已提供给被评价企业；评价机构与被评价企业之间任何已知的理解上的差异被解决。评价机构有能力并能够实施评价活动；考虑申请的评价范围、被评价企业的运作场所、完成评价需要的时间和任何其他影响评价活动的因素。

（三）合同签订

评价机构根据被评价组织的基本情况拟定合同文本；并经被评价组织法定代表人/授权的委托代理人核准后，签订评价合同；合同签订后，一份应送交被评价组织，一份由评价机构归档留存。如任何一方要提前终止合同，都必须以书面形式提出，并征得双方的书面同意。

二、评价的启动

（一）确定评价组长

评价机构应为指定具有足够能力的评价人员担任评价组长。评价组长的职责主要包括：对评价进行策划并在评价中有效地利用资源，代表评价组与评价委托方和被评价企业进行沟通，为评价组成员提供指导，预防和解决冲突，领导评价组得出评价结论，编制和完成评价报告。

（二）确定评价的目的、范围和准则

劳动密集型企业社会责任评价目的是确定被评价企业的社会责任与《劳动密集型企业社会责任》中要求的符合程度。通常对评价范围表述为：企业名称＋地域；评价准则主要包括《劳动密集型企业社会责任》及其他相关要求。

（三）确定评价的可行性

评价机构应当确定评价的可行性，同时考虑诸如策划评价所需的充分和适当的信息。例如：劳动密集型企业社会责任要求适用项的确定。评价机构应与被评价企业就其在贯彻与实施《劳动密集型企业社会责任》标准中，不适用的要求予以说明，并评价其合理性。同时，还应确定被评价企业的充分合作以及充分的时间和资源等方面的可获得性。

当被评价企业出现产品质量/安全严重事故，或发生重大环境污染事件而造成重大环境影响，或发生重、特大员工伤亡事故、劳资纠纷严重等情况，评价机构应明确向评价委托方告知评价不可行，或协商替代方案。

（四）组建评价组

根据被评价企业的规模、地域和场所、业务范围等，确定评价组的组成。评价还应识别为达到评价目的，评价组成员所需的知识和技能。

评价人员的职责主要包括：遵守评价要求，传达和阐明评价要求；有效地策划和履行被赋予的职责；将观察结果形成文件，报告评价结果；收存和保管并按要求提交与评级有关的文件；配合并支持评价组长的工作。

（五）与评价方进行初步联系

与受评价方就评价的事宜建立初步联系可以是正式或非正式的，但应当由负责管理评价方案的人员或评价组长进行。联系的方式除了口头沟通之外，通常还采用书面的方式（如评价确认通知）。初步联系的主要目的是：与受评价方的代表建立沟通渠道；确认实施评价的权限；提供有关建议的时间安排和评价组组成的信息；要求获得相关文件，包括记录。

三、评价

（一）第一阶段评价

1．文件审查：第一阶段的评价，应对被评价企业的文件进行审查，文件审查是评价的重要部分，应由评价组组长实施（必要时，评价组组员参加）；文件评价包括被评价企业的社会责任方针、社会责任报告、企业递交的履行社会责任的其他证实性文件等，应确定企业的社会责任文件是否充分地包含了《劳动密集型企业社会责任》标准的所有要求和满足企业的业务需要。需要时，评价组长可要求被评价企业补充其他文件。文件审查后，评价组讨论并确定现场评价的重点。

2．第一阶段评价的基本步骤还包括，第一阶段计划的编制，评价组工作分配，准备工作文件以及现场评价和第一阶段评价报告的编制，上述步骤与第二阶段评价步骤基本一致，将重点在后续的第二阶段评价程序中详述。第一阶段评价的主要目的是：确定受评价方已按约定的《劳动密集型企业社会责任》标准要求履行了社会责任，并依此确认受评价方对评价的准备程度。为评价机构第二阶段评价的实施做准备，提供关注点。在评价过程中关注受评价方社会责任报告与现场运行情况的一致性，产品/服务和活动的范围，主要涉及的社会责任要求的适用性确认，相关法律法规的符合性等。

（二）第二阶段评价

1．评价计划

评价组长应编制第一阶段评价计划，评价计划为评价委托方、评价组和被评价企业之间就评价的实施达成一致提供依据。评价计划一般包括以下内容：被评价企业的名称；评价准则；评价日程安排；评价日期和地点；评价组成员及分工；评价使用的语言和评价的保密承诺。评价计划一般在评价前一周递送评价委托方/被评价企业确认，评价委托方/被评价企业有权对评价计划提出异议，任何异议应当在评价前予以解决。

2．评价组工作分配

评价组长应当与评价组协商，将具体的过程、职能、场所、区域或活动的评价职责分配给评价组每位成员。评价组工作的分配应当考虑评价人员的独立性和能力的需要、资源的有效利用以及评价人员、技术专家的不同作用和职责。为确保实现评价目的，可随着评价的进展调整所分配的工作。

3. 准备工作文件

评价人员应针对自己承担的评价任务，了解和熟悉诸如受评价企业履行社会责任方面的有关信息，尤其是涉及企业组织结构、产品、员工、适用的法律法规等方面的信息。通过对信息的评审，为准备评价工作文件提供输入。

评价工作文件一般包括检查表与评价抽样计划，记录信息的表格，包括评价报告表、会议签到表、会议记录表等。表 5-1 以评价企业履行环境责任要求时，现场评价污水处理站履行情况为例：

表 5-1 劳动密集型企业中污水处理现场履行环境责任检查表示例

<table>
<tr><td colspan="2"></td><td colspan="2">受评价部门:污水处理站</td><td rowspan="2">评价类型
初次评价 [×]
确认评价 [ ]
再评价 [ ]</td><td rowspan="2">评价编号
ZD-IA-09/12</td><td rowspan="2">版本 A</td></tr>
<tr><td colspan="2">评价时间：
2009.5.15</td><td colspan="2">标准：
劳动密集型企业社会责任</td></tr>
<tr><td>序号</td><td colspan="2">评价要求</td><td>标准条款</td><td colspan="2">验证方法</td><td>记 录</td></tr>
<tr><td>1</td><td colspan="2">企业应规定环境管理的职责和权限，提供必要的资源，建立健全环境管理制度</td><td>4.2.1.1</td><td colspan="2">与污水处理站站长交谈，询问其职责。
污水处理站是否有管理制度</td><td></td></tr>
<tr><td>2</td><td colspan="2">企业应基于环境管理的现状和产品实现、服务提供等活动对环境影响的类型和程度，确定并控制重要环境因素</td><td>4.2.1.2</td><td colspan="2">查重大环境因素清单，现场确认重大环境因素有无遗漏</td><td></td></tr>
<tr><td>3</td><td colspan="2">企业应开展培训或采取其他措施，提高员工的环境保护意识，建立绿色环保理念，推行清洁生产，促进可持续发展</td><td>4.2.1.3</td><td colspan="2">抽查部分人员的培训记录，了解其培训情况。询问部分人员是否了解本岗位的环境重要性？询问员工是否清楚有关的法律法规、排放标准</td><td></td></tr>
<tr><td>4</td><td colspan="2">企业应采用新技术、新材料、新工艺和新设备，减少或控制任何类型的污染物或废弃物的产生，排放或废弃</td><td>4.2.2.1</td><td colspan="2">现场观察，查看运行记录，询问操作程序，确认运行是否按文件规定操作</td><td></td></tr>
<tr><td>5</td><td colspan="2">企业应建立并实施环境监视和测量规范，以确定企业满足环境法律法规和其他应遵守要求所取得的环境绩效，并保存相关记录</td><td>4.2.3.2</td><td colspan="2">询问要对哪些环境特性进行测量，如何测量？查看文件有无规定？抽查近期的监测记录，了解是否有超标排放情况？抽查监测仪器是否经过检定或校准，查看检定或校准记录</td><td></td></tr>
</table>

续表 5-1

序号	评价要求	标准条款	验证方法	记 录
6	企业应针对潜在和/或紧急事件规定响应措施，并定期进行评审。可行时，企业还应定期进行试验，并评估和管理伴随的环境影响	4.2.3.3	查有无文件的规定，询问操作人员设备发生故障时如何处理？是否经过应急培训？是否经过应急训练	

在现场评价中，评价人员还应考虑与污水处理站其他社会责任方面要求的履行情况。例如，污水处理站中员工有关劳动作息时间、劳动合同履行、劳动保护工作条件、职业教育培训等方面社会责任的履行情况。

4. 现场评价活动的实施

(1) 首次会议

首次会议由评价组长主持，会议出席的人员一般为被评价企业的管理层、相关部门的负责人和评价组全体成员。首次会议的内容主要包括：

a) 确认评价目的、范围和准则；

b) 实施评价所用的方法和程序；

c) 确认评价日程以及相关安排；

d) 确认评价组和被评价企业之间的正式沟通渠道；

e) 确认评价组工作时的安全事项、应急和安全程序；

f) 有关评价可能被终止的条件信息；

g) 关于评价的实施或结论的申诉系统信息；

h) 评价报告的方法等。

(2) 评价中的沟通

评价组应当定期讨论以交换信息，确定评价的进展情况，以及需要时重新分派评价组成员的工作。适当时，评价组长应当定期向被评价企业和评级委托方通报评价进展及相关情况。在评价中收集的证据显示有即将发生重大的风险，可行时，应当立即报告被评价方，适当时向评价委托方报告。

(3) 评价信息的收集与验证

评价组采用适当的抽样方法，充分收集并验证与评价目的、范围和准则有关的信息，包括与职能、活动和过程间接有关的信息，并予以记录。评价过程中可能依据活动的进展和收集信息的需要，在与被评价企业沟通一致的基础上，对评价计划进行适当的调整。评价组成员在任何时候都应当妥善保管涉及保密或知识产权信息的工作文件。

(4) 评审评价证据

评价组对照评价准则，评审在评价过程中所收集的信息(重点是法律法规遵守情况)、证据，形成评价发现。评价发现能表明符合或不符合评价准则。评价组应对评价结论达成一致。

(5) 评价结论

评价结论至少包括：劳动密集型企业社会责任的履行与评价准则的符合程度以及履行企业社会责任有效性；如果评价目的有规定，评价结论还可能包括有关劳动密集型企业在履行企业社会责任中的改进机会。

(6) 末次会议

评价组长主持末次会议。参加末次会议的人员包括被评价企业,也可包括评价委托方的代表。评价组和被评价企业就有关评价发现和结论的不同意见进行讨论,并尽可能予以解决。如果未能解决,应记录所有的意见。如果评价目的有规定,可提出改进的建议,并强调该建议没有约束性。

(7) 评价报告

a) 评价报告的编制。评价组长负责编写评价报告,并对评价报告的准确性和完整性负责。评价报告包括或引用以下内容:评价准则、评价委托方、评价范围、评价组长和成员、评价计划、评价发现、评价结论。

b) 评价报告的批准和分发。评价报告应当在双方商定的时间期限内提交。如果不能完成,应当向评价委托方通报延误的理由,并就新的提交日期达成一致。评价报告应当注明日期,并经评价机构评审和批准。经批准的评价报告应当分发给评价委托方指定的接受者。评价报告属于评价委托方所有,评价组成员和评价报告的所有接受者都应当尊重并保持评价的保密性。

(8) 评价的完成

当评价计划中所有活动已完成,并分发了经过批准的评价报告时,评价即告结束。

评价的相关文件应当根据参与方的协议,并按照评价方案程序、适用的法律法规和合同要求予以保存或销毁。相关的文件包括受评价方提交的文件(例:社会责任报告、程序文件等)、记录、说明等,以及评价过程中形成的记录,如评价计划、检查表、评价记录、不合格报告、会议记录、评价报告等。

除非法律要求,评价组和负责管理评价方案的人员若没有得到评价委托方和(适当时)受评价方明确批准,不应当向任何其他方泄露文件的内容以及评价中获得的其他信息(包括涉及商业、技术、管理方面的信息以及知识产权)或评价报告。此外在上述信息的借阅、传递、转交的过程中,也应注意信息的保密。如果需要披露评价文件的内容,应当尽快通知评价委托方和受评价方。

四、评价后续活动的实施

(一) 评价决定

为使评价机构做出评价决定,评价组至少应向评价机构提供评价报告和对授予评价的推荐性意见。评价机构应在评审评价发现和结论及任何其他相关信息(如公共信息、被评价企业对评价报告的意见)的基础上做出评价决定。

(二) 确认评价

评价机构负责对年度确认评价活动进行设计,以便对已获得评价的劳动密集型企业履行社会责任的情况进行监视。确认评价至少应每年进行二次。确认评价活动应包括对已评价企业的社会责任满足评价标准规定要求的情况,对企业自评报告、社会责任报告的评价及现场评价。确认评价活动还可包括:就评价的有关方面要求询问已获得评价企业;审查已获得评价企业对其运作的说明(如宣传材料、网页);要求已获得评价企业提供文件和记录(纸质或电子介质);其他监视已获得评价企业履行企业社会责任的方法。确认评价活动还至少包括对以下方面的审查:已评价企业的内部自我完善机制;对上次评价中确定的问题/改进机会采取的措施;相关方要求、投诉的处理;已获得评价企业履行社会责任的绩效;为持续改进而策划的活动进展;履行企业社会责任各方面要求中的任何变更。

(三)再评价

评价机构负责策划和实施再评价活动,以评价企业是否持续满足评价标准的所有要求。再评价的目的是确认企业履行社会责任的持续符合性与有效性。

再评价的程序基本与初次评价一致,包括文件评价和现场评价。重点关注企业在评价周期内履行社会责任的绩效,包括调阅以前的确认评价报告。评价机构根据企业履行社会责任的绩效及持续的符合性与有效性,作出是否更新评价的决定。

第二节 劳动密集型企业社会责任评价要点

《劳动密集型企业社会责任》标准从顾客、环境、员工、合作伙伴、投资方、社区六个方面出发,规定了劳动密集型企业履行社会责任应遵循的基本要求。为确保满足这些基本要求,企业应建立、实施、保持社会责任管理体系,管理体系应覆盖上述六个方面的要求。评价机构在评价企业履行社会责任时,应重点关注每个方面的具体要求,尤其是评价中的要点应予以特别关注。

一、企业对顾客责任的评价要点

以顾客为关注焦点是企业生存和发展的基础,如何履行对顾客的责任是劳动密集型企业履行企业社会责任的首要问题。在评价企业对顾客责任的评价时,应重点关注产品/服务安全。

评价时,应了解企业是否建立健全产品质量管理制度,确保产品质量符合法律、法规、标准或合同的要求;质量管理制度一般包括质量检验和考核、质量事故处理、质量评选奖励、群众性质量管理活动、质量信息管理、合理化建议和劳动技术改进管理、新产品试制和鉴定、样机试制等内容。了解与企业产品相关的国家标准、行业标准,其中是否涉及强制性标准?有哪些?并关注企业产品进货、过程和最终检验、产品试验规程,查看检验和试验相关记录,不合格产品处置规定和记录;产品质量特性是否符合相关标准或合同的要求;确保不合格产品不出厂。重点核查产品例行试验报告,尤其是产品安全性指标与能确保人体健康和人身财产安全企业标准的符合性,对出口产品,还应核查是否满足销售合同中规定的顾客要求/入口国的标准要求。还应对产品标识的真实性与规范性进行评价,以便于了解企业是否对产品可进行追溯,是否存在使用、冒用或伪造产品标识等情况。

产品的召回是评价企业是否履行社会责任的重要方面,应关注企业是否制定了已售出缺陷产品的处置规定,以及实际采取的措施。当企业发现存在缺陷产品时,是否按照有关规定、程序和要求,停止生产、销售;查看生产指令更改和停止销售的通知及相关信息的传递和执行。尤其是当出现收到有关产品人身伤害的顾客投诉;获知产品人身伤害事故;接到所在地的省级以上质检部门进行缺陷调查的通知;企业认为产品可能存在与人体健康和生命安全有关的缺陷的;通过其他途径获知可能存在缺陷的情况时,企业是否组织开展产品缺陷调查。同时还应评价企业是否制定控制与消除缺陷的召回计划书,并在规定时限内向所在地省级以上质检部门提交备案并按照召回计划实施,通过查看备案记录和召回计划实施记录,关注通过何种方式告知顾客/社会公众。

二、企业对环境责任的评价要点

采取环境对策、消除环境影响是企业履行社会责任的重要组成部分。对一个承担着完整的环境责任的企业来说,它对自身的要求并不仅仅局限于不污染周边的环境,还在于在保障生产过程不危害环境的同时,注重研发无害于环境的产品,更应当注重资源(水、能源、原材料)的减量利用和循环利用,尽量降低废弃物的产生量。努力促使企业环境与周边自然环境相互融合,让人与自然的关系保持平衡和协调。在评价企业对环境的责任时,应关注资源和能源管理、环境管理两个方面。

(一) 资源和能源管理

资源节约,环境友好是当前企业在生产和服务过程中必须重视的社会责任,在评价企业资源和能源管理时,应注重企业产品自身的能效与生产或服务过程中对资源和能源的消耗两个方面:

1. 产品自身的能效

评价时,应关注企业产品是否属于国家发展和改革委员会发布的《产业结构调整指导目录》(2005 年版)令第 40 号规定的淘汰高能耗产品。了解企业产品自身能耗的测算方法,可包括查看产品试验报告,核查企业生产的产品能效指标能否达到相关标准要求;特别关注标准中强制性实施的能效限定值是否达到。适用时,在仓库中查看产品包装标识、产品说明书是否注明能耗指标,规范使用能效标识,标识是否经过备案。

2. 企业资源和能源的管理

在企业相关部门(如设计、工艺、制造部门)关注企业是否积极采取新技术、新工艺,提高产品的设计和制造技术,逐步降低产品的资源和能源消耗,如开发 LED 新型节能光源、零部件再利用等。关注企业能源利用状况报告中单位产品产量或单位产品产值的综合能耗,特别关注连续的趋势线发展趋势;评价时,可重点关注企业的能源计量管理,关注三级计量的配备率是否满足国家标准的要求,同时了解企业是否将节能、节水和资源综合利用等纳入对经营活动的考核范围。

(二) 环境管理

在评价企业对于环境的责任时,更应注重企业生产经营活动对环境的影响,可重点关注企业在污染排放与预防等方面的运行情况:关注企业对其所排放的污染物的监测情况,可以核查有关政府主管部门对其污染物排放(废水、废气、噪声等)是否达到国家、地方相关法律法规和标准的要求;对于自身具备监测能力的企业,应当核查其自行监测的相关规定文件及实施情况,查阅相关规定和记录要求,化学分析室、污水处理站现场查看对生产过程中产生的污染物及其排放进行测量和监控过程,包括监测装置校准和监测人员的资格。

企业对环境的责任中,除了对污染物进行有效的控制外,更应关注企业如何预防和减少污染的产生，可关注企业是否采取措施，包括使用新设备、新工艺、新技术、新材料，持续降低污染物（如 COD、SO_2 等污染因子）的排放量，逐步减少对环境的污染。

还应关注企业是否采用新工艺和新材料来控制或减少污染物及废物的产生及其对环境的有害影响，如电镀工艺以三价铬代替六价铬，避免了一类污染物产生；用可再生能源代替化石能源发电；用可回收、易降解的纸包装代替塑料包装；开发出能够以白酒丢糟为原料的环保锅炉，减轻了对环境的影响等。

三、企业对员工责任的评价要点

"员工是最重要的资产"是有识之士总结出的企业成功心得。员工是企业社会责任的主要承受者、重要传递者，企业行为只有首先让员工感动，才能进而感动市场，感动社会。因此，企业对员工的责任是所有企业在履行社会责任时最为重要的内容。对于劳动密集型企业对员工责任的履行方面，应主要关注劳动合同、员工权益、安全生产和沟通协商机制四个方面。

（一）劳动合同

评价企业在招用员工，建立劳动关系时，应关注企业是否当按照法律法规的要求，遵循合法、公平、平等自愿、协商一致、诚实信用的原则，与所有员工订立具有法律效力的书面劳动合同（劳动合同签订率应达到 100%）。重点关注以下方面：

核查企业劳动合同内容时，应依据《劳动合同法》的要求，关注劳动合同中是否包括用人单位的名称、住所和法定代表人或者主要负责人；劳动者的姓名、住址和居民身份证或者其他有效身份证件号码；劳动合同期限；工作内容和工作地点；工作时间和休息休假；劳动报酬；社会保险；劳动保护、劳动条件和职业危害防护；法律、法规规定应当纳入劳动合同的其他事项。

在评价时，应关注劳动合同中是否设立违反劳动合同的责任条款。在现场评价中可核查劳动合同双方当事人（人事管理部门和员工）是否自留存具有法律效力的劳动合同文本，作为双方当事人履行劳动合同约定内容的依据，需特别关注集体劳动合同员工的留存文本情况。

（二）员工权益

评价企业员工应享有的薪酬、工作作息、培训与职业发展等内容应重点关注：

核查企业是否遵循按劳分配、同工同酬原则，将劳动合同中约定的基本工资、奖金、福利、补贴等工资收入，按时足额地支付给员工；企业是否以货币形式支付员工工资收入，不得以超市消费卡、交通卡等代替货币来支付劳动报酬，同时，是否在每次支付工资时为员工提供书面工资收入支付凭证；对于试用期员工，工资不得低于约定工资的 80%或者单位同一岗位最低档工资，并不得低于当地的最低工资标准；企业是否按时足额为员工缴纳其依法享有的社会保险金，不得拒绝替员工参保或随意降低社会保险基数；企业每年是否向员工公布本单位全年社会保险费缴纳情况，接受员工的监督；企业在正常情况下是否保证员工每日工作不超过 8 小时，每周工作不超过 40 小时；对于加班工资，按照劳动法规定，支付加班费的具体标准是否满足"在标准工作日内安排劳动者延长工作时间的，支付不低于工资的百分之一百五十的工资报酬；休息日安排劳动者工作又不能安排补休的，支付不低于工资的百分之二百的工资报酬；法定休假日安排劳动者工作的，支付不低于百分之三百的工资报酬。

（三）安全生产

评价企业是否根据国家有关劳动安全健康卫生的规定和标准（如劳动部门和各行业主管部门制定的一系列技术标准），建立、健全并严格执行安全生产管理和责任制度。重点评价企业是否建立安全生产管理制度；为确保劳动生产安全，企业是否每年计提一定比例的资金，用于更新改造劳动安全卫生设施，确保达到国家规定的标准。这些劳动安全卫生设施，主要是指安全技术方面的设施、劳动卫生方面的设施和生产性辅助设施（如女员工卫生室、更衣室、饮水设施等）。

同时，还应关注企业是否采取必要的措施，为员工创造一个安全、健康、卫生的工作环境。例如，为员工提供宿舍时，应确保宿舍及其设施的卫生与安全保障情况能够满足《安全生产法》中的相关规定。

对于女员工，企业是否注意不得安排在经期从事高处、低温、冷水作业和国家规定的第三级体力劳动强度的劳动。不得安排在怀孕期间从事国家规定的第三级体力劳动强度的劳动和孕期禁忌从事的劳动。对怀孕 7 个月以上的女员工，不得安排其延长工作时间和夜班劳动。不得安排在哺乳未满 1 周岁的婴儿期间从事国家规定的第三级体力劳动强度的劳动和哺乳期禁忌从事的其他劳动，不得安排其延长工作时间和夜班劳动。对即将生育的女员工应保证其享受不少于九十天的产假。企业不得以结婚、怀孕、生产、哺乳等为由辞退女员工或者单方解除劳动合同。对于童工和未成年工，企业是否注意根据国务院第 364 号令《禁止使用童工规定》，严格禁止招用未满 16 周岁的童工。企业招用未成年工时是否符合国家法律、法规的要求，并特别关注：不得安排未成年工从事矿山井下、有毒有害、国家规定的第四级体力劳动强度的劳动和其他禁忌从事的劳动；对未成年工应定期进行健康检查。

企业是否针对本企业可能产生的职业病，建立、健全职业病危害因素监测、评价及改进制度，如职业卫生管理制度、职业卫生教育培训制度、职业病危害因素监测评价制度、员工健康检查与诊疗制度、职业病危害告知制度、职业病防护设施维护管理制度、个人防护用品发放管理制度、职业病卫生检查与奖惩制度等。是否指导员工正确使用职业病防护设备和个人使用的职业病防护用品。企业是否建立员工定期体检规定，并对员工进行定期体检。

（四）沟通协商机制

评价企业与员工之间的沟通协商机制时，应关注企业是否建立、健全工会组织，制定相关的管理制度，确保工会组织的有效运行，并与工会组织共同建立和完善劳动关系协调机制，保证工会及其代表在依法行使职责时不会受到无端干涉和破坏。重点评价：企业是否建立、健全工会组织，支持员工参加工会，支持工会依法开展各项活动，是否重视并支持工会的活动，可指派管理层代表定期同工会代表开展对话和协商，了解员工的意见和建议；是否确保员工不会因为参加工会或者履行工会职责而遭到歧视、骚扰、胁迫或报复。企业的工会组织是否就集体劳动合同、薪酬福利、职业健康安全、员工合法权益等内容与企业开展平等协商。

还应关注企业是否建立、健全了职工代表大会制度和其他民主管理制度，保障与发挥工会组织和职工代表在审议企业重大决策、监督行政领导、维护职工合法权益等方面的权力和作用。

四、企业对合作伙伴责任的评价要点

合作伙伴关系是一个双赢的概念，合作伙伴关系包括企业和供应商、生产商、销售商等产品生产与流通过程中的参与者的合作关系。建立良好的合作伙伴关系有利于成本的降低、反应时间的缩短以及新市场价值的创造。

在评价企业对合作伙伴的社会责任时，应重点关注恪守诚信和公平竞争两个方面：

（一）恪守诚信

在评价时，可到企业的财务部门查看企业是否对其获许使用的产权，在公平协商、签订相应合同的基础上应支付合理的补偿费用，如租用的厂房、生产设备等。也可在销售部门查看宣传材料，在企业网站上收集信息，核查企业在自身经营过程中，是否有任何侵犯知识产权的活动，包括但不限于伪造、冒用、盗版等行为。特别关注对供方的商业信息进行保密。

（二）公平竞争

核查企业在采购、招投标等经营活动中如何抵制行贿、索贿等各种形式的商业贿赂，并对举报商业贿赂的行为予以奖励。查验企业财务资料、司法机关相关记录和媒体报道，看企业是否有采取财物或者其他手段贿赂政府部门或个人。

关注企业是否采用正当手段获得竞争优势，是否存在假冒他人的注册商标；擅自使用知名商品特有的名称、包装、装潢，或者使用与知名商品近似的名称、包装、装潢；擅自使用他人的企业名称或者姓名；在商品上伪造或者冒用认证标志、名优标志等质量标志，伪造产地，对商品质量作引人误解的虚假表示等。

适用时，还应关注企业是否有商业垄断行为：是否合法取得市场支配地位，而不滥用市场支配地位。关注企业是否损害竞争对手的商业信誉，存在用捏造、散布虚伪事实等不正当手段，恶意诋毁商业对手的商业信誉或商品信誉的行为。

五、企业对投资方责任的评价要点

投资方是企业的衣食父母，投资方较为关注企业的投资回报。因此企业对投资方的责任主要在于投资回报。在评价时应重点核查企业是否建立了法人治理结构，明确了股东、各级管理者等各方的职责和权利，确保股东充分享有法律、法规、规章所规定的各项合法权益；了解企业是否建立了投资方权益保护的相关管理制度，保障投资方的资产收益、确保参与重大决策和选择管理者等权利能得以实现以及企业制定的经营战略或方针是否体现了对投资者负责的理念，充分考虑投资者的利益，维护和保障他们的合法权益。

六、企业对社区责任的评价要点

社区是企业生存发展的外部环境，企业正确处理与社区的关系，采取适当有效的策略，与社区建立长期的互惠互利伙伴关系，是企业实现可持续发展的基础。因此在对劳动密集型企业对社区责任履行方面实施评价时，应关注就业岗位和社区建设两个方面。

（一）就业岗位

企业是否积极配合落实政府促进就业的法律法规、政策及措施，提供相应的工作岗位，配合街道、居民委员会解决待业劳动力的安置问题；根据企业招工情况记录，查看企业是否优先考虑招用所在社区的劳动力，并在招用时关心社会弱势群体的生存和发展，吸纳残障等特殊人群，为其安排适当的工作岗位，并加强残障员工的教育培养和技能培训。还可查看培训计划和培训记录，关注企业是否配合社区的职业技能培训，为其进行技术指导，并提供场地和实践机会。

（二）社区建设

查看企业是否根据实际情况，安排相应的人力和财力，支持社区在医疗卫生、教育文化等方面的基础设施建设等。关注在进行社区建设时，是否能够为社区提供资源？查验企业相关资料和媒体报道，看企业是否有接纳吸收弱势群体的情况，并且对他们积极进行教育培训，查看企业是否关心社会弱势群体的生存和发展，吸纳残障等特殊人群，妥善为其安排适当的工作岗位，并对残障员工的教育培养和技能培训，可查阅相关记录并与残障员工面谈。

七、劳动密集型企业社会责任管理体系要求与评价要点

企业对顾客、环境、员工、社区、合作伙伴、投资方履行社会责任并不是短期行为，需要建立履行社会责任的长效机制，也就是说必须保证企业在履行社会责任方面是可持续和全面的。因此，企业需要通过建立管理体系来保证企业社会责任方针的畅达性，能够让每个员工自觉、有意识地执行企业社会责任，通过管理体系将社会责任目标、指标在相关的职能和层次予以落实，并通过企业的自我完善机制不断持续改进。

劳动密集型企业社会责任管理体系的要求与评价要点主要包括：

（一）总要求

企业应在遵守法律法规和其他要求的基础上，按照本标准的要求，建立社会责任管理体系，形成文件，予以实施、保持，并持续改进其有效性。

应评价企业是否按标准的要求建立、实施和保持社会责任管理体系，并持续改进其有效性，这时的关键词“建立”、“实施”、“保持”和“改进”正是应用企业社会责任标准开展社会责任的活动。企业的社会责任要求是否形成了文件，应包括社会责任方针和社会责任目标，企业各部门履行社会责任的职责与权限，实施内部审核和管理评审的程序，以及向社会公开发布的企业社会责任报告等。

（二）社会责任方针

最高管理者应确定本企业的社会责任方针，确保其：

a）与企业的宗旨相适应；

b）包括对满足要求和持续改进社会责任管理体系有效性的承诺；

c）在企业内得到沟通和理解；

d）在持续适宜性方面得到评审。

评价企业的社会责任方针时，应关注企业的社会责任方针是否与企业的宗旨相适应，

社会责任方针是为实现企业总方针服务的，应与以上其他管理方面的要求协调一致。还应包括对满足要求和持续改进社会责任管理体系有效性的承诺，并为社会责任目标提供框架。

评价人员还应关注社会责任方针是否在企业内得到沟通和理解。例如通过内部刊物、标语、告示栏进行宣传，也可通过会议和向员工发放小册子等方式、途径向全员传达贯彻，并要确保员工理解其内涵，明确他们在社会责任管理体系中的作用，企业的社会责任方针还应在持续适宜性方面得到评审。

（三）社会责任目标

1. 应针对企业内部有关职能和层次，建立、实施并保持形成文件的社会责任目标；

2. 在建立和评审目标时，应考虑适用的法律法规和其他要求，以及企业的社会责任；

3. 应考虑可选的技术方案，财务、运行和经营要求，以及相关方的观点；

4. 如可行，目标应可测量。目标应符合方针，包括持续改进和遵守适用的法律法规和其他要求的承诺。

企业的社会责任目标应建立在社会责任方针的框架下，并在企业内与社会责任有关的职能和层次上建立。企业在建立和评审社会责任目标时，应考虑适用的法律法规和其他要求。评价时，应关注企业在制订社会责任目标时是否重视国家对产品质量安全、环境、安全、财税、劳动者方面必须履行的强制性要求。是否充分考虑顾客、员工、投资方、合作伙伴、社会、政府机构等相关方的利益和观点，还应考虑企业财务和经营有关要求。如可行，社会责任目标应可测量。

（四）资源、作用、职责与权限

1. 最高管理者应确保为建立、实施、保持和持续改进社会责任管理体系提供必要的资源。资源包括人力资源和专项技能、企业的基础设施、技术以及财力资源。

2. 为促进企业履行社会责任，最高管理者应对职责及权限作出明确规定，形成文件，并予以沟通。

3. 最高管理者应在本企业的管理层中指定一名成员，无论该成员在其他方面的职责如何，应明确规定其作用、职责和权限，以便：

a）确保按照本标准的要求建立、实施与保持社会责任管理体系；

b）向最高管理者报告社会责任管理体系的运行情况以供评审，包括改进的建议；

c）确保在整个企业内提高社会责任的意识。

评价时，应关注最高管理者是否确保组织内部的机构规定相应的社会责任职责和权限，并注意不同部门之间的职责、权限的接口关系，使社会责任管理体系协调、有序地运行。

企业的最高管理者还应在本企业管理层中指定一名成员，负责处理与社会责任管理体系有关的各种问题，对社会责任管理体系所需的过程的建立、实施和保持负有策划、组织、协调等职责，知晓社会责任管理体系的绩效现状和改进的可能性，通过体系运行现状的分析，向最高管理者提出改进的建议和方案。不断促进企业内员工提高社会责任意识。

（五）内部审核

1. 企业应按策划的时间间隔进行内部审核，以确定社会责任管理体系是否：

a）符合策划的安排和本标准的要求；

b）得到有效实施与保持。

2. 应编制形成文件的程序，以规定策划、实施以及报告结果和保持记录的职责和要求。

3. 考虑拟审核的过程和区域的状况和重要性以及以往审核的结果，企业应对审核方案进行策划。应规定审核的准则、范围、频次和方法。审核员的选择和审核的实施应确保审核过程的客观性和公正性。审核员不应审核自己的工作。

4. 应保持审核及其结果的记录。

负责受审区域的管理者应确保及时采取措施，以消除所发现的不合格及其原因。跟踪活动应包括对所采取措施的验证和验证结果的报告。

内部审核是企业内部的审核活动，是评价社会责任管理体系符合性和有效性的一个重要手段。通过对企业的社会责任方针和相关要求的满足程度的评价，它能够识别社会责任管理体系的薄弱环节和潜在的改进机会，最高管理者和管理者代表应重视内部审核过程，为内部审核的策划和实施提供必要的资源。

在评价企业实施内审时，应关注企业是否对内部审核的时机、时间间隔及审核方案进行策划；是否根据形成文件的内部审核程序，明确规定实施审核、报告审核结果；内部审核中开具的不符合报告是否得到及时的纠正，同时分析产生不符合的原因，本着举一反三的原则采取相应的纠正措施，以消除不符合及其原因。是否对采取的纠正措施进行跟踪验证，确保纠正措施有效实施且达到防止同类不合格再发生的效果，并记录和报告验证的结果。同时，还应关注内部审核员的能力。

（六）管理评审

1. 总则

最高管理者应按策划的时间间隔评审社会责任管理体系，以确保其持续的适宜性、充分性和有效性。评审应包括评价社会责任管理体系改进机会和变更的需要。应保存管理评审的记录。员工代表应参与管理评审。

2. 评审输入

管理评审的输入应包括：

a）内部审核和合规性评价的结果；

b）来自相关方的评价，包括抱怨和投诉；

c）社会责任目标的实现程度；

d）企业履行社会责任的绩效，包括：诚信经营；产品质量和安全；资源节约和环境保护；生产安全和职业健康；员工权益；社会公益等；

e）纠正和预防措施的状况；

f）以往管理评审的跟踪措施；

g）相关的法律法规和其他要求的变化；

h）改进的建议。

3. 评审输出

管理评审的输出应包括与以下方面有关的任何决定和措施：

a）社会责任报告，并可为公众所获取；

b）社会责任管理体系有效性的改进；

c）资源需求。

管理评审的目的是确保社会责任管理体系有持续的适宜性、充分性和有效性。最高管理者应实施管理评审。在评价企业管理评审时，应关注管理评审的策划。管理评审活动形式可多种多样，并应适合企业的实际。与内部审核一样，社会责任管理体系的管理评审可以单独进行，也可以结合企业其他管理体系的管理评审或其他活动一起进行。

在评价时，应注重对审核结果、企业履行社会责任的绩效、相关方的评价、纠正和预防措施的状况、以往管理评审的跟踪措施、相关的法律法规和可能影响社会责任管理体系的变更以及改进的建议等管理评审输入。最后应对企业管理评审的输出——发布社会责任报告重点关注，评价其报告内容是否紧密结合企业社会责任实施的实际运行情况。还应关注社会责任管理体系运行和改进中必要的资源需求以及企业对社会责任管理体系在适宜性、充分性和有效性现状作出的基本评价以及采取的持续改进的决策。

（七）文件和记录

企业应对社会责任的文件进行控制，确保各有关场所所使用的文件及资料为最新有效版本。

企业应控制所建立的记录，以提供符合本标准要求和社会责任管理体系有效运行的证据。

a）为提供符合要求及社会责任管理体系有效运行的证据而建立的记录，应得到有效控制；

b）企业应编制形成文件的程序，以规定记录的标识、贮存、保护、检索、保留和处置所需的控制，记录应保持清晰、易于识别和检索。

评价时，应关注企业是否编制形成文件的程序，包括对标识、贮存、保护、检索、超期后的处置等活动要求。核查企业的相关记录是否能清晰地反映相关信息，确保信息的客观准确，应易于识别和检索，能够方便查阅、追溯。

（八）持续改进

企业应分析社会责任管理体系中已出现的或潜在的不合格的原因，制定和实施有针对性的纠正或预防措施，消除其产生的原因，防止不合格再发生，跟踪活动应包括对所采取措施的验证和验证结果的报告。

企业应利用社会责任方针、社会责任目标、审核结果、数据分析、纠正和预防措施以及管理评审，持续改进社会责任的有效性。

评价时，可查看企业的纠正和预防措施记录，是否有原因分析和纠正预防措施并经验证有效。关注企业是否建立了有效的改进机制，指定了改进的策划、实施和控制的职能部门。相应改进过程、程序和要求是否予以规定。

第三节 劳动密集型企业社会责任评价方法

评价是指评估价值，确定、修订价值。或是通过详细、仔细的研究和评估，确定对象的

意义、价值或者状态。它包括两层含义：

一、评价的过程是一个对评价对象的判断过程；

二、评价的过程是一个综合计算、观察和咨询等方法的一个复合分析过程。

本节将介绍劳动密集型企业社会责任评价的方法，并结合典型的企业案例，介绍如何运用这些评价方法。

一、评价方法与评价路线

（一）评价方法

在劳动密集型企业社会责任评价中，应当通过适当的抽样进行收集信息，并验证这些信息与评价目的、范围和准则的符合性。这些信息可能包括与职能、活动和过程间接有关的信息。评价证据基于可获得的信息样本，只有可证实的信息方可作为评价证据。评价证据应当予以记录。根据评价的范围和复杂程度而不同，评价的方法可包括：

1. 直接评价

主要指直接通过评价人的视觉、听觉、嗅觉、触觉、味觉等感知的，或者依靠仪器仪表、传感器具而获取的，与评价准则进行比较，判断结果的方法。直接评价可以包括对活动、周围工作环境和条件的观察；与被评价企业的管理者、员工面谈、召开员工座谈会；通过电话、网络等方式了解顾客、社区、投资方、供应商等反馈信息等。

2. 间接评价

主要指通过语言、文字、符号等信息载体获取的，与评价准则进行比较、判断结果的方法。间接评价可以包括括问卷、电话、神秘顾客等调查；对被评价企业文件、记录的核查；对被评价企业相关数据和业绩指标的汇总、分析等。

使用上述评价方法时，还应当注意以下环节：

一要善于提问。面谈是收集信息的一个重要手段，应当在条件许可并以适合于被面谈人的方式进行。但评价人员应当考虑：面谈人员应当来自评价范围内实施活动或任务的适当层次和职能；面谈应当在被面谈人正常工作时间和（可行时）正常工作地点进行；在面谈前和面谈过程中应当努力使被面谈人放松；应当解释面谈和作记录的原因；面谈可通过请对方描述其工作开始；应当避免提出有倾向性答案的问题（即引导性提问）；应当与对方总结和评审面谈的结果；应当感谢对方的参与和合作。

二要仔细观察。评价人员要仔细观察现场环境、设备、产品和标识，观察面谈人员的神态，查看有关记录。当发现问题时要进行深入检查以确定客观证据（评价证据）。

三要作好记录。评价员必须“口问手写”，对调查获取的信息、证据应认真、详尽地作好记录。所作的记录包括时间、地点、人物（姓名和职务）、主题、事实描述、主要过程和活动实施的概要及其有效性信息、凭证材料、涉及文件、各种标识。这些信息均应字迹清楚、准确具体，务使不合格事实的记录有可重查性。只有完整、准确的信息才能作出正确的判断，为评价报告中相应的评价提供依据。当发现不合格时，应记录到必要的深度，具有可追溯性。

四要善于追踪验证。评价人员必须善于比较、追踪不同来源所获取对同一问题的信息，从差别中判断企业履行社会责任的状况；必须善于追踪记录与文件、记录和现状的符合情况，并作出结论；评价人员必须善于追踪企业履行社会责任某一方面要求的来龙去脉，发现问题，获取证据，而不是轻信口头答复。只有可证实的信息方可作为评价证据。道听途说、假设、主观臆断、猜测等无法证实的信息不能作为评价证据。

（二）评价路线

1. 自上而下和自下而上的路线

所谓自上而下的方法是指先到信息比较集中的部门了解总的情况，然后在此部门选择一批样本到使用这些样本的各部门去调查。采用自上而下这种评价线路最典型的例子就是对“文件控制”过程进行的评价。评价人员先到中心档案室（或总师办、技术科、质管办等单位）查阅受控文件的总目录，在总目录中应有文件的编号、名称、最新版次、编制部门、发送到的使用部门等信息。可在总目录中选择若干样本，到使用部门去核查在使用现场是否有有效版本，作废版本是否已从现场撤走，文件中的修改是否符合程序文件的规定等。

所谓自下而上的方法是指先在许多部门调查研究，选择一批样本到某一集中管理的部门去评价。采用自下而上这种评价路线最典型的例子就是对“员工权益”要求的评价。评价人员先在各车间进行抽样，选择一批员工进行面谈作为样本，再到企业的人力资源部门去了解这些员工的劳动合同、薪酬、工作作息时间与职业发展规划。

有时自上而下和自下而上的路线和评价方法还要互相结合，交叉进行，才能达到评价的目的。

2. 正向和逆向的评价的路线

所谓正向的评价方法是指按产品质量形成的过程从开始的合同签订到最后的售后服务的顺序去评价；而所谓逆向的评价方法其路线正好相反，即从售后服务向前步步追溯直到合同签订为止。这两种方法通常用于企业对顾客责任的评价上。

3. 按企业社会责任的要求评价和按部门评价的路线

我们对企业社会责任是有关的要求和部门都要评价到。在评价时，应将企业社会责任的各方面要求评价一遍。往往一个要求涉及许多部门，评价组要访问许多部门才能完成一个方面要求的评价。而每一个部门要重复接受多次评价才能完成受审任务。这种做法不仅效率低而且还影响各部门的生产或业务工作。所以按部门评价的方法比较实用。在按部门评价时，评价组对该部门涉及的各个要求一次评价清楚，不必再反复去该部门走访，比较受被评价部门的欢迎。但最后还要按某一方面的要求把各部门评价的结果集中起来整理，得出总的结论。

所以一般情况，评价采用按部门的方法较为普遍，但如果企业很小，部门很少，这时采用按要求的方法也是很方便的。

二、案例分析

（一）对企业履行顾客责任的评价实施

在对企业对顾客责任评价时，应依据评价要点中的产品/服务安全与产品销售与服务两个方面进行评价。同时根据该企业的产品特性，应重点对产品安全特性采用文件、记录核查、顾客反馈了解的方式，同时通过与企业领导、产品设计生产部门、质检部门的交谈，尤其是最终产品检验，对企业对顾客责任的具体要求进行评价。

1. 产品/服务安全

与企业领导沟通，了解企业是否建立健全产品质量管理制度，确保产品质量符合法律、法规、标准或合同的要求。与企业质检部门沟通，了解企业的质量管理制度是否包括质量检验和考核、质量事故处理、质量评选奖励、群众性质量管理活动、质量信息管理、合理化建议和劳动技术改进管理、新产品试制和鉴定等内容。针对玩具产品的安全特性要求，了解与企业产品相关强制性标准，并在企业生产和检验工序，关注企业产品生产过程和最终检验、产品试验规程，现场查看检验和试验相关记录，不合格产品处置规定和记录；产品质量安全特性是否符合相关标准或合同的要求；重点核查产品例行试验报告，尤其是产品安全性指标与能确保人体健康和人身财产安全企业标准的符合性。

2. 产品销售与服务

赴企业成品仓库，根据商品的销售方向，有针对性在现场核实企业外销和内销产品包装，了解产品标识的准确性。赴企业销售部门，了解企业与顾客有哪些沟通的渠道；核查企业与顾客交流沟通记录，核实企业对顾客提出的问题是否予以解决，并使顾客满意。还可以进一步了解企业是否分析顾客满意的信息，并寻求持续改进的机会。可行时，可以根据被评价企业提供的顾客名录，通过电话的方式，或者问卷调查的方式了解企业的销售和服务情况。对于服务行业的劳动密集型企业，还可以通过充当“神秘顾客”的方式，直接体验被评价企业的服务质量，作出客观的评价。

（二）对企业履行环境责任的评价实施

在对企业对环境责任评价时，应依据评价要点中的资源和能源管理与环境管理两个方面进行评价。同时根据该企业的产品特性，应重点对产品设计、能源管理与污水排放重点环节采用文件核查、现场观察的方式，同时通过与企业领导、产品设计部门、能源和环保部门的交谈，对水处理等设备装置的运行核查，对企业对环境责任的具体要求进行评价。

1. 资源和能源管理

赴企业产品设计部门，了解在设计产品时，是否考虑产品自身的能耗，可查看产品试验报告，核查企业生产的产品能效指标能否达到相关标准要求；特别关注标准中强制性实施的能效限定值是否达到。适用时，在仓库中查看产品包装标识、产品说明书是否注明能耗指标，规范使用能效标识，标识是否经过备案。还可对企业的重点用能环节和重点用能设备的运行情况进行现场观察，核查运行记录是否满足企业能源管理的相关规定。

2. 环境管理

赴企业能源与环保部门，与部门负责人面谈了解企业是否建立环境管理体系，主要的环境因素有哪些，主要的污染物有哪些，企业是否有污染处理设备与装置，具体的运行管理规定有哪些，还可通过对环境主管部门的监测数据报告，了解企业是否存在污染物超标排放的情况。同时根据企业生产的特点，可以赴污水处理设备设施处，现场了解污水处理设备设施的运行情况，核查设备运行，维护保养等记录。

（三）对企业履行员工责任的评价实施

在对企业对员工责任评价时，应依据评价要点中的劳动合同、员工权益、安全生产与沟通协商机制四个方面进行评价。同时针对该企业员工组成的特殊性(农民工普遍知识层次较低,对自己权益的保护意识不强),应重点采用与员工面谈,召开员工座谈会的方式,同时通过与企业领导和人力资源部门的交谈,对一定数量的员工合同、档案的调阅,对企业对员工责任的具体要求进行评价。在抽样中应考虑不同工种员工比例、女工比例、不同地区员工比例、特殊岗位员工比例。适用时,还应考虑离职员工、未成年工,劳动合同变更员工、试用期员工等。随后根据所抽样的员工针对四方面的要求进行核查。

1. 劳动合同

请企业人力资源部门提供企业现行的劳动合同。核查是否符合《中华人民共和国劳动合同法》,此外可以同抽样的员工进行面谈,了解其是否了解合同的中有关劳动合同期限;工作内容和工作地点;工作时间和休息休假;劳动报酬;社会保险;劳动保护、劳动条件和职业危害防护等内容。如可行时,可以要求面谈员工提供其自行保管的劳动合同,核查是否与企业提供的劳动合同存在差异。

2. 员工权益

赴企业财务部门核查员工工资发放记录、社会保障缴存记录,评价企业是否定期、定额发放工资。召开被抽样的员工面谈,了解工资实际的发放情况,是否存在克扣或以其他方式卡、实物替代工资的现象;面谈中还应了解员工的加班情况以及加班工资的计算、发放是否符合国家规定。

3. 安全生产

可与企业领导面谈,了解企业是否建立了安全生产管理制度,每年对劳动保护方面的投入情况。还可赴企业安全生产与劳动保护的主管部门,了解企业具体的规定、特殊工种的岗位、劳动保护用品的发放情况。随后在抽样的员工中,重点与特殊工种员工、女工进行面谈,了解特殊工种的劳动保护用品的配备,特殊工种定期体检情况,了解企业对女工的四期保护情况等。

4. 沟通协商机制

可与企业的工会主席进行面谈,查阅工会工作、会议的记录,了解工会在维护员工权益方面的工作,另外与被抽样的员工访谈,了解工会活动的开展情况。

第六章　劳动密集型企业社会责任指数

劳动密集型企业社会责任的评价方式通常有两种：定性评价和定量评价。定性评价是对企业履行社会责任的状况和性质所进行的判断，这种分析侧重于质的方面，其特点是综合性较强，注意抓住评价对象的重点和本质。定量评价是对企业履行社会责任的程度进行的数量分析和比较，这种分析侧重于量的方面，其特点是精确、明快、简单、易于比较。本章在研究定量评价方法的基础上，设计劳动密集型企业社会责任指数模型，实现企业社会责任定量评价。

企业社会责任定量评价是在评价过程中采用定量分析的方法，对企业履行社会责任的各个环节中的影响因素进行量化分析，研究各因素之间的数量关系，对企业社会责任数量变化和规律进行测量和分析，并做出判断。定量评价可以采用第五章的方法，以审查为基础，以查证为手段，通过量化评估与测算，了解企业履行企业社会责任的程度。

定量评价目的是评估企业对社会责任的履行情况，实现纵向比较与横向比较：通过企业间的横向比较，可以寻找差距，确定改进目标与方向；通过企业自身的纵向比较，可以知道企业履行社会责任的过程，了解随时间而推进的情况，便于企业认识到薄弱环节，有针对性地实施持续改进。

第一节　常用可持续发展相关指数方法

定量评价通常采用各种数学方法，如百分法、分数法、指数法、累积分数法、统计分数法、综合评判法等定量地对评价对象进行分析。在企业社会责任评价领域，也开始采用量化指标评价方法，既出现了涵盖企业社会责任指标的企业评价体系，如"未来500强"评估体系，又出现了专门的企业社会责任评价指标体系，如道琼斯可持续发展指数（The Dow Jones Sustainability Indexes，DJSI）、多米尼社会指数（The Domini 400 Social Index）和中国公司治理指数（CCGI）等。

一、道琼斯可持续发展指数

道琼斯可持续发展指数颁布于1999年9月8日，从投资角度评价企业可持续发展的能力，2001年10月15日，又发布了道琼斯可持续发展欧洲指数，2005年8月23日又引入道琼斯可持续发展北美和美国指数。

二、多米尼社会指数

多米尼社会指数即多米尼400社会指数，是一种由市场股本加权后获得的普通股票指数，通过多元的、基于社会筛选标准对美国400家公司股票表现进行跟踪监测。在多米尼社会指数构成中，包括了标准普尔500指数中约250家公司股票，以及非标准普尔500指数的

100 家公司股票，另选择能特别反映有强烈社会特征的 50 家公司股票。

多米尼 400 社会指数正式发布于 1990 年 5 月，是第一个反映美国社会责任投资表现并将企业社会责任纳入评价体系的社会指数。此后，相继出现了一些社会指数，如美国的公民指数(1995 年)、英国的 NPI 社会指数(1998 年)、道琼斯可持续发展指数(1999 年)、金融时报道德指数(2001 年)、卡尔弗特社会指数及 KLD 社会指数等。

三、金融时报道德指数

金融时报道德指数(FTSE4 Good Index)是指以是否符合全球公认的企业责任标准来衡量企业的表现，供投资这些企业的人们参考的一种社会指数。该指数采用了企业管理的透明度及与金融时报的其他标准。金融时报道德指数于 2001 年 6 月正式发布，是根据全球公认的金融时报全球股票指数系列进行编制的，指数对于社会责任投资者而言是一个基准的、可以交易的指数。

从目前看，金融时报道德指数系列涵盖了包括全球、欧洲、美国、英国和日本等交易和基准市场的股票指数，即金融时报道德全球指数、金融时报道德美国指数、金融时报道德欧洲指数等基准市场指数，以及金融时报道德全球 100 指数、金融时报道德美国 100 指数等交易指数。

四、上证社会责任指数

为反映上证公司治理板块中在社会责任的履行方面表现良好公司股票的走势，同时为投资者提供新的投资标的，上海证券交易所与中证指数有限公司于 2009 年 8 月 5 日正式发布上证社会责任指数，该指数基日为 2009 年 6 月 30 日，基点为 1000 点，指数代码为 000048，指数简称为责任指数。

上证社会责任指数的选样方法是，首先在样本空间(243 只样本股)中剔除日均成交金额排名沪市后 20%的样本，然后对剩下的样本估算其每股社会贡献值，并进行排名。选取排名靠前的 100 只样本作为上证社会责任指数的样本股。最近一年发生明显违背其社会责任的公司原则上不能成为上证社会责任指数样本股。每股社会贡献值的计算综合净利润、税收、工资、借款利息、对外捐赠额、社会成本等因素。每年五到六月份，上证公司治理板块进行重新评选，中证指数有限公司根据重新评选结果于七月初对上证社会责任指数进行调整。每次样本调整比例一般不超过 10%，除非从样本空间中被调出的原样本股票超过 10%。

五、中国公司治理指数

南开大学课题组发布的“中国公司治理指数”，从股东行为、董事会治理、经理层治理、监事会治理、健全信息披露制度、利益相关者治理六个方面，通过设置 64 个评价指标，对 1149 家中国上市样本公司治理状况进行了系统评价，其中有涉及企业社会责任因素的评价指标。

六、中责盟 50 指数

中国企业社会责任同盟上市公司可持续发展指数（又称“中责盟 50 指数”），是以沪深 300 指数的成分股为样本，从中选取 50 家在履行社会责任方面表现最好的上市公司构成中责盟 50 的成分股。该指数充分考虑到中国国情以及企业的发展状况，从经济、环境、社会三个基本维度，认知、实践、绩效三个层面出发，在整合北京大学和上海交通大学安泰经济与管理学院相关学术研究的基础上，建立起来的企业可持续发展评价体系。

本节介绍的方法都是在建立评价指标体系，确定指标权重的基础上建立指数模型的方法，可以反映不同时间、不同空间、不同总体等方面相对变动情况和趋势。本章借鉴这些方法，在综合考虑劳动密集型企业社会责任要求与核心要素基础上，确定了劳动密集型企业社会责任评价指标体系和指数模型。

第二节　劳动密集型企业社会责任指数模型

第一节介绍的上证社会责任指数和中责盟 50 指数等评价方法，主要根据上市公司的公开信息进行综合计算与分析。这些方法的优点是信息获取方便、计算方式简便、易于操作实施。但这些方法并没有形成企业社会责任的标准，方法也不能直接用于非上市公司，且未采用现场评价等认证手段，因此有一定的局限性。为此，本文在研究劳动密集型企业社会责任核心要素、制定相关标准的基础上，设计和提出了双重赋权的企业社会责任评价模型，实现企业社会责任指数计算。

一、企业社会责任指数评价模型设计

根据指数的含义，企业社会责任指数应客观、准确地反映企业履行社会责任的程度。因此，设计评价模型时，应遵循以下基本原则：

1. 评价指标体系要简便易测。评价指标应定义清晰，评价指标体系应反映企业社会责任标准的内容。

2. 评价指标要有一致性和普遍性。评价指标应具有普适性，从而保证评价结果的纵向与横向可比。

3. 评价模型要直观便于理解。评价模型和评价方法必须力求简易，且直观便于理解。

4. 评价模型应既反映法律法规、标准和规范等社会责任要求，又反映企业自愿履行有关社会责任的水平。

根据以上要求，我们把企业社会责任核心要素分为三个层次：必须履行的社会责任、应当履行的社会责任和自愿履行的社会责任。首先，企业应为社会提供合格的产品和服务，而企业提供产品和服务的方式，必须在法律和制度的许可范围内，这是必须履行的社会责任，称为法律责任。其次，企业作为重要的市场主体，是社会物质财富的创造者，应

创造经济效益来回报股东，回报员工，回报社会，这些应当履行的责任称为经济责任。最后，企业对社会及所在的社区也负有责任，属于企业自愿履行的社会责任，称之为道德责任。

根据指数的技术方法，设计企业社会责任指数模型，需要建立社会责任评价指标体系。而评价指标之间是相互联系、相互依赖的，各指标对企业社会责任都有不同程度的作用或贡献，称之为权重。在确定权重时，不能只从单个指标出发，应处理好各评价指标之间的关系，科学合理地分配它们的权重。

从企业社会责任核心要素的三个层次来看，由于法律责任是企业必须履行的责任，经济责任是应当履行的责任，而道德责任是自愿履行的责任，因此企业在经营过程中，对不同责任的努力程度并不相同。企业可能更加注重法律责任和经济责任，而把道德责任作为可做可不做的事情。因此，在设计指数模型时，应充分考虑企业针对各个指标的努力程度。从企业社会责任六个利益相关方的要求可以看出，各评价指标的重要程度也不相同。因此，在设计评价指数模型时，在综合考虑企业履行社会责任的重要程度以及努力程度两个方面，得出了企业社会责任评价指数模型如图 6-1 所示。

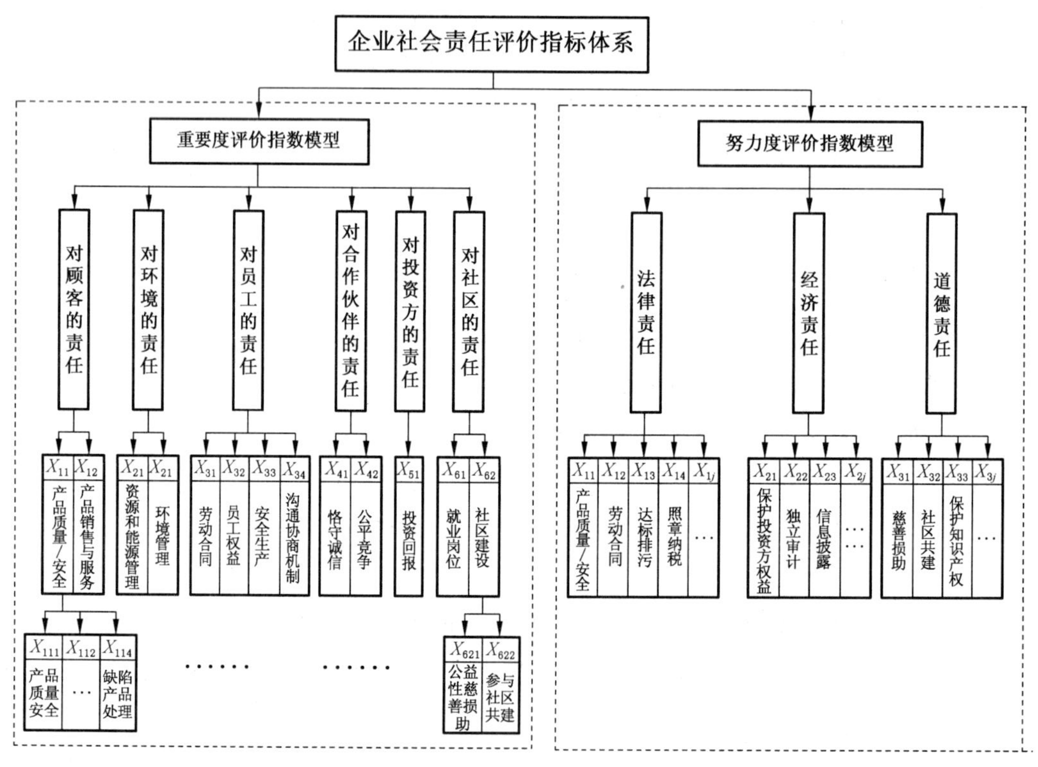

图 6-1　企业社会责任构成图

为此，本节提出并设计了双重赋权的企业社会责任评价指数评价模型。从“利益相关方”角度设置各项指标的重要程度权重，从“必须—应当—自愿”三个层面的努力程度考察企业履行社会责任的层次，并运用几何平均数模型灵活、敏感地体现参差不齐的履行状况，实现对不同行业、不同性质企业履行社会责任程度的可比性。模型如下：

$$I_{CSR}=\frac{1}{2}\cdot(I_{CSR}^{1}+I_{CSR}^{2})$$

其中： $I_{CSR}^{1}=\sum_{m=1}^{p}(k_m\cdot X_m)$

$$k_m=\beta_i\lambda_j\mu_k$$

p——代表第1维重要度评价指数中，适用的评价指标的个数；

β_i——代表第1维重要度评价指数中，各利益相关方重要度权重；

λ_j——代表第1维重要度评价指数中，各二级指标的重要度权重；

μ_k——代表第1维重要度评价指数中，各评价指标的重要度权重；

X_m——代表第1维重要度评价指数中，每一个评价指标的实际得分。

$$I_{CSR}^{2}=(\prod_{i=1}^{3})^{\frac{1}{3}}$$

Y_1,Y_2,Y_3 分别表示第2维三类不同努力度的评价指标综合得分：

$$Y_1=\frac{1}{l}\cdot\sum_{j=1}^{l}X_{1j},Y_2=\frac{1}{m}\cdot\sum_{j=1}^{m}X_{2j},Y_3=\frac{1}{n}\cdot\sum_{j=1}^{n}X_{3j}$$

X_{1j}——分别表示“必须”履行层面中，第 j 个评价指标的实际得分和理论满分值；

X_{2j}——分别表示“应当”履行层面中，第 j 个评价指标的实际得分和理论满分值；

X_{3j}——分别表示“自愿”履行层面中，第 j 个评价指标的实际得分和理论满分值；

l,m,n——分别表示“必须—应当—自愿”三个层面中，企业适用指标的个数。

二、权重的确定

（一）重要程度权重

确定权重可以层次分析采用法（AHP 法，Analytic Hierarchy Process），由企业社会责任领域专家分别给定权重后，采用计算得出指标的权重。层次分析法是由美国著名运筹学家萨迪教授于世纪年代提出的一种定性分析和定量分析相结合的系统评价分析方法，是系统工程方法中解决多目标系统评价或决策问题采用的权重设计方法之一。此方法的基本思想是把一个复杂的问题表示为有序的递阶层次结构，通过两两比较、判断和计算，将因素之间的关系加以条理化，并计算出不同因素的权重。

本书采用层次分析法，邀请企业社会责任专家，从企业社会责任要素的重要程度出发，对企业社会责任个评价指标的重要性进行了对比与量化评价，得到评价指标体系的权重如图6-2所示。

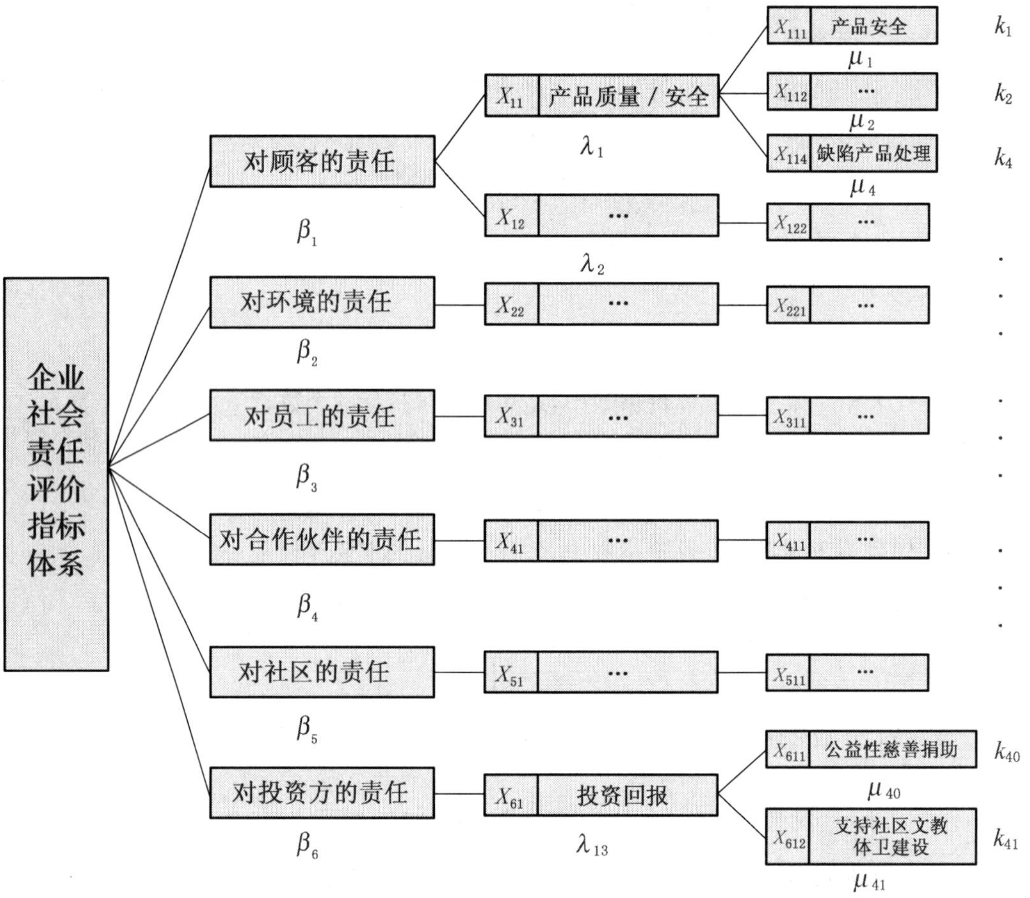

企业社会责任评价指标体系

对顾客的责任 β_1
- X_{11} 产品质量 / 安全 λ_1
  - X_{111} 产品安全 μ_1 k_1
  - X_{112} … μ_2 k_2
  - X_{114} 缺陷产品处理 μ_4 k_4
- X_{12} … λ_2
  - X_{122} …

对环境的责任 β_2
- X_{22} …
  - X_{221} …

对员工的责任 β_3
- X_{31} …
  - X_{311} …

对合作伙伴的责任 β_4
- X_{41} …
  - X_{411} …

对社区的责任 β_5
- X_{51} …
  - X_{511} …

对投资方的责任 β_6
- X_{61} 投资回报 λ_{13}
  - X_{611} 公益性慈善捐助 μ_{40} k_{40}
  - X_{612} 支持社区文教体卫建设 μ_{41} k_{41}

图 6-2 企业社会责任重要度评价指标体系及其权重

(二)努力程度权重

为了正确反映企业履行企业社会责任的努力程度,在设计企业社会责任努力度评价指数时,从“必须—应当—自愿”三个层面出发,区分指标履行的努力程度。由于三个层次的履责情况各自反映了企业在履行不同责任时所付出的努力,而这三个层次的要求在国际、国内的相关企业社会责任要求和准则中关注的程度一致很高,因此在努力度模型的建立时,对于这三类指标,我们设定为等权重。

而在每一层次的履责要求中,每一项要求的履行都是同等重要的,不存在孰轻孰重,因此在三个层次中,各评价指标的权重是相等的。

三、评价基准的确定

根据《企业社会责任》标准要求,在开展企业社会责任评价时,需针对各指标要求,分别进行评价和评分。

为确保评价结果的科学性、合理性,结合《企业社会责任》标准要求及接受评价企业的特点,我们采用方法-展开-学习-整合(Approach-Deployment-Learning-Integration,简称ADLI)四个层面建立核心要素的评价基准。ADLI 方法是卓越绩效模式关键的理念之一。

任何企业都有很多管理方法，但是成熟的企业会将方法应用在不同部门、层次，成功的企业会将方法不断改进，在内部和外部进行学习和分享，并与战略目标和经营方向保持协调。其中，方法指履行社会责任的“途径”，展开指在这条途径上走了多远，而学习和整合则是指不断优化的途径，做到方向一致、融合互补，实现履行企业社会责任的绩效。

对每项指标所涉及的条款，均从ADLI的四个层面对企业履行社会责任的程度进行等级划分，并根据审查和查证，为每一项指标确定一个具体的得分。对每项评价指标进行等级划分，得到如表6-1所示的评价要点。

表6-1　劳动密集型企业社会责任核心要素评价要点

	评　价　要　点
方法	1）组织完成过程所采用的方式或方法； 2）方法对于标准评分项要求的适宜性； 3）方法的有效性； 4）方法的可重复性，是否以可靠的数据和信息为基础
展开	1）为实现标准评分项要求所采用方法的展开程度； 2）方法是否持续应用； 3）方法是否使用于所有适用的部门
实施	1）通过循环评价和改进，对方法进行不断完善； 2）鼓励通过创新对方法进行突破性的改变； 3）在组织的各相关部门、过程中分享方法的改进和创新
整合	1）方法与在标准其他评分项中识别出的组织需要协调一致； 2）组织各过程/部门的测量、分析和改进系统相互融合、补充； 3）组织各过程、部门的计划、过程、结果、分析、学习和行动协调一致，支持组织的目标

在对标准的核心要素进行评价时，应确定哪一分数范围最符合企业履行社会责任的情况。这里的“最符合企业履行社会责任的情况”，允许在某个或某几个ADLI因素上与所选的分数范围有一些差异。一个企业履行社会责任的情况是基于对于四个因素的综合观察，而非对四个因素中的每一个的独立评价的计点或平均。决定实际分数是否采用所选的分数范围时，还要评价该条目是否更接近于上一档或下一档分数范围。根据评价要点设计的企业履行社会责任的评价基准见表6-2。

表6-2　企业社会责任评价基准

分值	基　　准
0～25	■　针对该要素，没有基本的制度和要求；(A) ■　经营过程中，没有按照要求执行相关工作；(D) ■　没有针对该要素的考核与评估；(L) ■　没有将该要素管理融入企业管理体系中(I)
26～50	■　基本了建立的制度和要求；(A) ■　经营过程中，部分应用了该制度和要求；(D) ■　有针对该要素的考核、评估与总结，并采取应对式的改进；(L) ■　开始逐步建立企业社会责任管理体系(I)

续表

分值	基 准
51～75	■ 建立了完善的制度和要求；(A) ■ 经营过程中，应用这些要求开展相关工作；(D) ■ 有针对要素的考核、评估与总结，并采取系统的改进；(L) ■ 该要素的管理要求已经结合到企业管理体系中(I)
76～100	■ 建立了系统的制度和要求；(A) ■ 经营过程中，全面完整地应用要求开展相关工作；(D) ■ 有针对企业要素的考核、评估与总结，采取了系统的改进，并有创新；(L) ■ 该要素已经结合到企业管理体系中，并有机的融为一体(I)

四、评价实施

为了有效进行企业社会责任定量评价，需要对企业履行与实施企业社会责任的情况即评价信息进行了解。评价信息的获取途径主要包括审查和查证。

(一) 审查

审查指对企业社会责任报告进行审阅和分析，了解企业对社会责任及相关方的辨识是否充分、践行是否有效，考察企业对履行状况的自我评价，并确认其履行情况是否全面、恰当。

(二) 查证

查证指通过现场评价方法对企业社会责任实施的情况进行证实，主要包括现场查证和会议。查证主要包括以下四个方面履行的程度：

1. 社会责任管理体系文件是否符合标准的规定和要求；
2. 企业社会责任是否有效实施；
3. 企业社会责任指标履行程度量化分析与评价；
4. 企业社会责任实施后的有效性和改进的领域。

在现场查证中，观察是最常用的方法。通过观察可以发现企业社会责任实施运行中出现的问题，确定企业是否按照企业社会责任标准要求开展生产或服务，现场管理人员及操作人员是否明确自己的职责，是否经过培训，熟悉企业社会责任知识。

现场查证时常用的方法就是通过查阅文件和记录、提问和交谈、现场观察和实际测定的方法来取证。

评价人员在获取一定的信息后，对不同来源所获取的同一问题若有矛盾的信息，要进一步查证，分析和比较以判断体系运行的状况。必要时，进行追踪验证，以便得出正确的结论。

【示例】 企业社会责任评价指数计算。

根据确定的评价基准，评价人员对某企业履行社会责任的情况进行了分析与评价。以劳动合同要素为例，评价人员认为：该企业建立了完善的劳动合同订立管理制度和要求(A)；与所有员工订立了具有法律效力的书面劳动合同，合同签订率为 100%，合同内容符合《劳动合同法》规定，且双方当事人自留存具有法律效力的劳动合同文本(D)；有针对劳动合同订立管理的考核、评估与总结，但并没有采取系统的改进，创新性有待加强(L)；劳动合同订立管理已经结合到企业管理体系中，但并没有有机地融为一体(I)，因此评价人员综合得出的企业履行劳动合同的责任方面得分为78。对每一项要素结合ADLI四层面基准进行评价后，得到的评价结果见表6-3。

表6-3　某企业社会责任履行情况评价表

一级要素	二级要素	三级要素	努力程度	重要度权重	评分
对顾客的责任	产品质量/安全	符合安全要求	必须	0.042	87
		符合质量要求	必须	0.042	85
		产品标识规范	必须	0.012	72
		缺陷产品处置	必须	0.024	65
	产品销售与服务	产品文明宣传	应当	0.008	78
		销售服务	应当	0.02	82
		投诉和处理	应当	0.028	80
		顾客满意	应当	0.024	77
对环境的责任	资源和能源管理	淘汰高能耗产品	应当	0.157 5	76
		提高资源能源效率	应当	0.052 5	58
	环境管理	加强环境监测	必须	0.018	78
		控制危险废物	必须	0.018	59
		污染预防	自愿	0.054	63
对员工的责任	劳动合同	劳动合同的订立与履行	必须	0.032	78
		集体合同的订立与履行	必须	0.008	75
	员工权益	薪酬分配	必须	0.014	89
		遵守最低工资规定	必须	0.017 5	95
		加班工资	必须	0.014	68
		足额缴纳社会保险费	必须	0.010 5	90
		员工培训	应当	0.007	73
		平等对待员工	自愿	0.007	69
	安全生产	加强安全生产管理	必须	0.014	87
		提供安全、卫生的环境	必须	0.014	72
		保护女员工及未成年工	必须	0.014	68
		职业病防治	必须	0.014	79
		特殊工种持证上岗	必须	0.007	75
		劳防用品管理	必须	0.007	82
	沟通协商机制	建立健全工会组织	应当	0.008	90
		尊重平等协商权利	自愿	0.008	85
		健全民主管理制度	自愿	0.004	70

续表

一级要素	二级要素	三级要素	努力程度	重要度权重	评分
对合作伙伴的责任	恪守诚信	重合同守信用	应当	0.014 4	90
		保护知识产权	自愿	0.009 6	91
	公平竞争	抵制商业贿赂	应当	0.028	95
		反对不正当竞争	应当	0.028	86
对投资方的责任	投资回报	健全信息披露制度	自愿	0.054	69
		保护投资方权益	应当	0.036	75
对社区的责任	就业岗位	落实就业政策	自愿	0.054 6	72
		支持社区职业技能培训	自愿	0.023 4	73
	社区建设	公益性慈善捐助	自愿	0.026	82
		弱势人群的教育和培训	自愿	0.015 6	80
		参与社区共建	自愿	0.010 4	72

结合各指标权重，采用企业社会责任指数模型计算后，得到该企业的社会责任指数为 76.8。

为了了解企业分别对 6 个相关方的履责情况，便于企业履责的薄弱环节，分别计算了对 6 个相关方的企业社会责任指数，测算结果如表 6-4，可以看出在各相关方中，环境是企业亟需关注的部分：

表 6-4 六个相关方企业社会责任指数

相关方	企业社会责任指数
顾客	80.00
环境	69.61
员工	79.79
合作伙伴	90.47
投资方	71.40
社区	75.14

从履责的层面角度看，各层面的企业社会责任指数见表 6-5，可以看出三个层面的情况大致相同，在道德层面还有进步的空间：

表 6-5 各层面的企业社会责任指数

履责层面	企业社会责任指数
法律	78.63
经济	79.09
道德	75.09

五、不适用项的处理

由于不同类型的企业履行社会责任的要求有所不同，因此适合企业的社会责任要素也有所差别。运用企业社会责任评价指数模型计算时，应考虑到不适用项问题，即在评价时应对评价企业不适用于的评价要素，适当进行删减。由于设计企业社会责任指数模型时，已经考虑了不适用项存在的可能，因此，本部分主要介绍存在不适用项时，权重的处理。

1. 重要度权重的调整

在第1维重要度评价指数中，现假设当评价企业适用于所有41个评价项时，各评价指标的权重为 $k_m^0=\beta_i\lambda_j\mu_k^0$，且在三级指标中 $\sum_k \mu_k^2=1$。则当企业适用的评价指标的个数为 p 时，各评价指标的权重调记为 μ_k，且 $\sum_{k=1}^{p}\mu_k=1$，调整公式为：

$$\mu_m=\mu_m^0+\left(1-\sum_{m=1}^{p}\mu_m^0\right)\cdot\frac{\mu_m^0}{\sum_{m=1}^{p}\mu_m^0}$$

2. 努力程度的调整

由于在第2维努力度评价指数设计时，指数模型是三类努力度的评价指标综合得分的几何平均值，在具体计算各类努力度的评价指标综合得分时，采用了理论值除实际值的方法，即已对不适用项做出考虑，且不存在权重的问题。因此，第2维努力度评价指数模型可以满足不同企业的评价需要。

【示例2】

在上例中，若假设该企业在所有的评价指标中，假设有三个不适用项，分别是“淘汰高能耗产品”、“保护女员工及未成年工”和“保护知识产权”，则在评价该企业履行企业社会责任时，重要度权重的调整以及最终的计算结果见表6-6。

表6-6　含有不适用项的某企业社会责任履行情况评价表

一级要素	二级要素	三级要素	努力程度	重要度权重	评分
对顾客的责任	产品质量/安全	符合安全要求	必须	0.042	87
		符合质量要求	必须	0.042	85
		产品标识规范	必须	0.012	72
		缺陷产品处置	必须	0.024	65
	产品销售与服务	产品文明宣传	应当	0.008	78
		销售服务	应当	0.02	82
		投诉和处理	应当	0.028	80
		顾客满意	应当	0.024	77

续表

一级要素	二级要素	三级要素	努力程度	重要度权重	评分
对环境的责任	资源和能源管理	淘汰高能耗产品	应当		
		提高资源能源效率	应当	0.21	58
	环境管理	加强环境监测	必须	0.018	78
		控制危险废物	必须	0.018	59
		污染预防	自愿	0.054	63
对员工的责任	劳动合同	劳动合同的订立与履行	必须	0.032	78
		集体合同的订立与履行	必须	0.008	75
	员工权益	薪酬分配	必须	0.014	89
		遵守最低工资规定	必须	0.017 5	95
		加班工资	必须	0.014	68
		足额缴纳社会保险费	必须	0.010 5	90
		员工培训	应当	0.007	73
		平等对待员工	自愿	0.007	69
	安全生产	加强安全生产管理	必须	0.017 5	87
		提供安全、卫生的环境	必须	0.017 5	72
		保护女员工及未成年工	必须		
		职业病防治	必须	0.017 5	79
		特殊工种持证上岗	必须	0.008 75	75
		劳防用品管理	必须	0.008 75	82
	沟通协商机制	建立健全工会组织	必须	0.008	90
		尊重平等协商权利	自愿	0.008	85
		健全民主管理制度	自愿	0.004	70
对合作伙伴的责任	恪守诚信	重合同守信用	应当	0.024	90
		保护知识产权	自愿		
	公平竞争	抵制商业贿赂	应当	0.028	95
		反对不正当竞争	应当	0.028	86
对投资方的责任	投资回报	健全信息披露制度	自愿	0.054	69
		保护投资方权益	应当	0.036	75
对社区的责任	就业岗位	落实就业政策	自愿	0.054 6	72
		支持社区职业技能培训	自愿	0.023 4	73
	社区建设	公益性慈善捐助	自愿	0.026	82
		弱势人群的教育和培训	自愿	0.015 6	80
		参与社区共建	自愿	0.010 4	72

结合各指标权重，采用企业社会责任指数模型计算后，得到该企业的社会责任指数为77.63。

第三节　企业社会责任指数软件系统

一、软件系统功能

为了方便评价人员现场评价和企业社会责任指数计算，我们开发了一套基于web系统的开放式企业社会责任评价软件，配合企业社会责任评价工作流程进行管理，将评价中所产生的各种定性与定量的数据进行保存、汇总、分析、计算，并对企业社会责任评价的结果进行发布。软件主要包括五个模块：企业信息模块、企业社会责任标准模块、企业社会责任指数模块、企业社会责任报告模块和系统维护模块。系统功能框架图如图6-3所示：

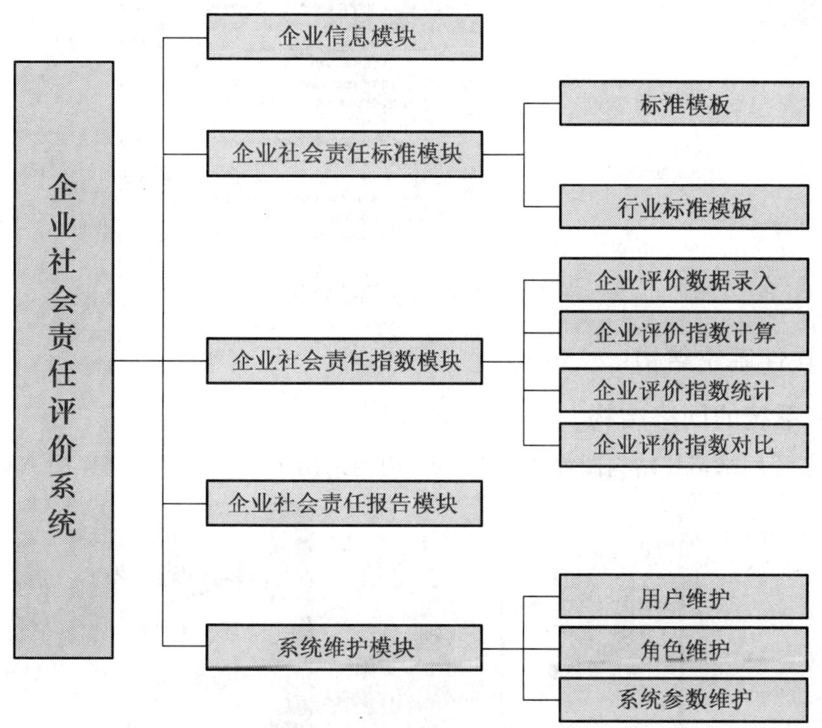

图6-3　软件系统功能框架图

1. 企业信息模块，对参与社会责任评价的企业基本信息进行登记、查询和维护。

2. 企业社会责任标准模块，包括两个方面：用于管理课题研究中所涉及的企业社会责任的评价指标以形成标准模板；根据参与评价企业自身的情况，在企业社会责任的评价指标体系指标中选择适用项，生成可以适合该行业企业评价的个性化评价表单。

3. 企业社会责任指数模块，包括对于评价的数据进行录入、企业社会责任指数进行计算、企业社会责任评价指数统计和企业评价指数对比等工作。

4. 企业社会责任报告模块，企业评价报告的管理主要是针对企业在参与过程中所产生的各种评价报告文档进行文件的上传、文档的查询、文档的维护等工作。

5. 系统维护模块，用于维护系统的用户、功能、权限、日志等。

开发的软件系统界面如图 6-4 所示。

图 6-4　软件系统界面

二、软件系统结构

（一）系统的网络结构

软件系统网络拓扑结构图如图 6-5 所示，内网采用 1 000 M 以太网连接访问。

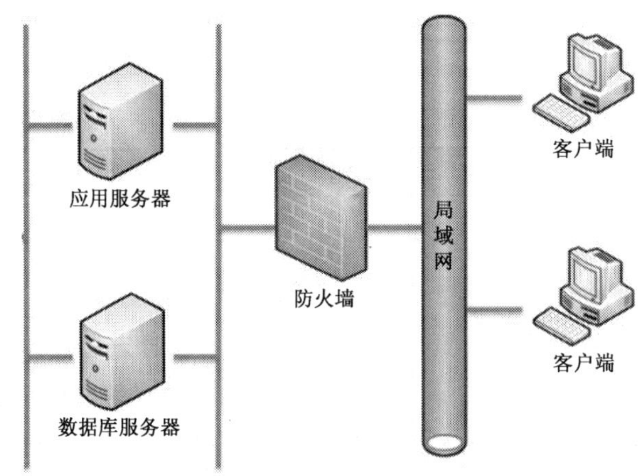

图 6-5　系统网络结构

（二）系统的逻辑结构

系统从逻辑上主要分为三层，数据层、业务控制层、界面层，逻辑结构如图 6-6 所示。

1. 数据层：负责与数据源的交互，即数据的插入、删除、修改以及从数据库中读出数据

等操作，不负担任何业务逻辑。

2. 业务控制层：负责系统领域业务的处理，负责逻辑性数据的生成、处理及转换。对流入的逻辑性数据的正确性及有效性负责，对流出的逻辑性数据及用户性数据不负责，对数据的呈现样式不负责。

3. 界面层：负责接收用户的输入、将输出呈现给用户以及访问安全性验证。对流入数据的正确性和有效性负责，对呈现样式负责，对流出的数据正确性不负责，但负责在数据不正确时给出相应的异常信息。

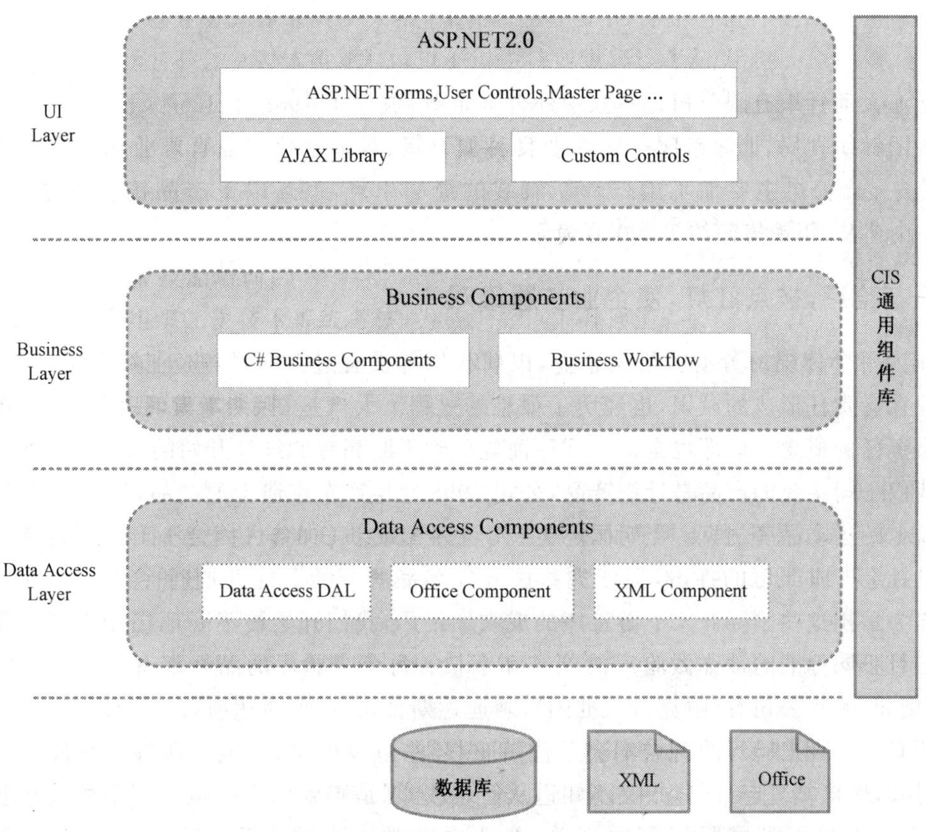

图 6-6 系统网络结构

附录一　上海大河针织有限公司履行社会责任的实践

变红灯为绿灯，增强国际竞争力

——大河针织的企业社会责任之路

上海大河针织有限公司是一家中外合资企业，成立于1988年12月，投资三方为：上海三枪集团针织九厂、上海市闵行区农业良种繁育场、香港永伟实业有限公司。注册资本为280万美元。公司主要加工出口针织服装的缝制生产，90%以上产品销售日本，年出口220万件成衣，年销售额约1 200万美元。

一、验厂，被点红灯，使企业步履维艰

作为一个传统的劳动密集型企业，以前我们并没有过多的思考企业社会责任的问题，对企业社会责任形成的认识，也经历了艰难的过程。大概是在10年前，我们才开始接触企业社会责任的概念。而那也是被国际厂商验厂时不断亮起的红灯开始的。

我们公司主要的产品是针织产品，公司1998年生产东京迪士尼产品，1999年开始生产世界著名的运动品牌耐克。当时国际上关于企业社会责任的讨论已经非常多，耐克也曾因为受到社会非常严厉的抨击，促使这些国际知名品牌开始关注并履行企业社会责任的问题。作为承担这些国际商家下游工序的成衣加工厂，我们开始被不断地接受不同厂商各种不同名目不同标准的被称做验厂的检查和审核。每个来验厂的品牌都有自己公司的行为准则，例如，耐克公司有《耐克行为准则》，阿迪达斯公司有《阿迪达斯行为准则》等。

所有的厂商来验厂的时候都会关注劳工权益，以及安全、环境问题等。在最初接受验厂的时候，屡屡被亮起红灯，却又不知道从何整改，真是感到束手无策。而不按国际通行规则做，企业就接不到国际厂商的订单，企业也就难以为继。后来我们知道国际上有个“SA 8000标准”、又了解到“国际运动用品工业联盟行动规范基本准则(WFSGI)耐克工厂标准”，我们就开始按照这些要求来做。但真正做起来才感到，这些工作非常繁琐、细致，还不太容易理解。说实话刚开始我们真的很抵触，觉得太烦了，工厂内弥漫着畏难情绪。但贸易接单又非要通过这个坎，不得已而为之，可以说那个时候我们是“被动”地按照这些标准做的。

除此之外，这些年来，公司还多次接受CK、美津浓、迪士尼、A. L. G. I. 劳智公司及委托第三方机构对公司进行企业社会责任工作检查审核。在一次次验厂的过程中，我们对社会责任的理解，也日渐丰富。我们发现这些验厂的工作，确实提出了很多非常具体的要求，比如关于劳工权益方面的问题，本身就是我们国家相关法律法规的要求，从这个意义上来说，这些本来就是份内之事，所以，我们企业应该主动把这些做好。认识改变了，“被动”的情绪渐渐也没有了。

同时我们还把验厂看做提升企业管理水平的契机。我们认为，一个小企业发展到一定阶段，要继续成长，就必须用更先进的管理理念、管理方法来推动，一次次验厂就是一种外部推动，作为企业应该顺应这种推动，主动去改变企业履行社会责任的状态。

从企业社会责任实践的案例中我们尝到了甜头，于是我们主动从外部引入先进的方法来促进企业管理水平的提升。我们同时主动开展了一系列贯标认证工作。我们认识到企业社会责任是一个大的概念，产品质量、保护环境都是企业对社会的一种责任。所以公司先后在2001年通过了ISO 9001:2000质量管理体系认证，2005年12月通过了GB/T 24001:2004环境管理体系认证;GB/T 28001:2001职业健康安全管理体系认证。这些都提升了企业的社会责任实践能力，员工的利益得到保障，贸易得以顺利进行，产品质量提高了，企业的管理水平也得到提升。

十年来的企业社会责任的实践活动，使我们对企业社会责任形成了日趋一致的共识，企业社会责任是客观的，它包含了很多内容，作为一个劳动密集型企业，必须结合企业的实际，结合行业特点，将企业社会责任工作融入到企业的管理中，这样才能持续做好这项工作。

二、红灯消失，橙灯亮起，企业社会责任开始履行

企业的主要目的是生产优质产品，满足消费者的需求。围绕这些目标，近年来，我们在履行企业社会责任方面，做了许多工作，根据公司劳动密集型企业的特点，企业履行社会责任的重点在重视员工利益保障和产品质量保证这两个方面，提出构建和谐企业的经营理念、倡导诚信守法，同时也积极关注公益活动，为地震、雪灾、洪水等自然灾害地区捐助等。

（一）员工是我们最宝贵的财富

我们的企业是一个劳动密集型企业，大部分员工是农民工。从社会责任的角度来说，对员工的责任是我们最重要的社会责任。扩大就业是保障和改善民生的头等大事，构建和谐劳动关系是促进社会和谐的前提和基础。作为企业，我们应该为员工的发展创造和谐的环境。倡导以人为本的思想，依靠员工，善待员工，实现员工与企业的共同发展。

在多年的发展中，我们深刻体会到员工是企业最宝贵的财富，而企业的财富是员工创造的。在工作中我们要重视员工的身心健康，提供有保障的劳动条件，加强安全生产管理。不仅如此，还要营造条件，促进员工的成长。我们为员工的发展提供平台，希望员工从物质上、精神上分享企业的发展。

我们认为要保障员工的权益，首先要：建章立制——员工的基础保障工作。近几年，公司不断完善相关的规章、制度，认真做好维护员工权益的各项制度建设的基础工作。

在员工合同方面，公司根据新修订的《中华人民共和国劳动合同法》，对本公司劳动合同内容进行修订，使劳动合同更趋完善，对具体工作地点、工作内容、试用期考核标准以及薪金等劳动合同应当具备的条款，均作了明确规定。针对一些厂商特有的，例如耐克公司提出在招工时，不能有年龄、性别、宗教信仰、肤色、种族的要求，我们也作了规定，并删除了招工报名表中性别、年龄、主要社会关系等应聘者提供的内容。把禁止使用童工(指16周岁以下)，保护未成年工(未满18周岁，要定期进行体检，不能安排其进行加班)列入企业规定条款。要求与每一个员工签订劳动合同，关注劳动合同期签订的年限，不能太短，保证员工

工作的稳定性，目前公司的劳动合同签订率为100%。行政还与工会组织协商签订了集体劳动合同、女职工专项集体合同，并报上级工会组织备案。满足不同厂商对工作时间的不同规定，一般均高于我国的法律规定，例如，耐克公司要求每周不超过60个小时工作时间，公司为此申请了年度的综合工作制度，报当地相关部门进行备案。

在员工收入方面，公司管理层严格按照国家的规定执行，按时足额发放工资，保证不能少发，不能迟发，加班工资计算，带薪病假等。通过劳动合同条款来实现员工收入平等协商。随着企业效益的变化，公司通过与工会以及职工权益小组沟通调整员工收入，在执行最低工资标准同时又于2007年9月调整员工的收入，平均增加幅度为12.3%；2008年4月员工工资调整，平均增加幅度5.5%。

为员工缴纳社会保险方面，公司给员工更多的保障（有城镇保险、小城镇保险、综合保险），还为全体员工购买了团体意外险。公司还对大病动手术和家庭条件困难员工发放补助金，2008年共发放困难补助金12 100元来关爱弱势群体，帮助解决燃眉之急。

在员工职业安全方面，公司按国家规定的工业企业卫生标准配置卫生设施，原来一个层面只有一个洗手间，现在在全部四个层面按规定比例都配置了洗手间，在各部门安装了空调和排风装置，使员工工作环境有了改善。配备必要的装备，如钢手套、耳塞、口罩、工作服、工作鞋等，制订了《劳动保护用品管理规定》、《安全防范管理规定》、《紧急工伤事故应急预案》等，配置消防用具，消防通道，在员工保护工作方面，制订了“禁止使用童工和录用未成年工政策”、“禁止强迫性劳工行为的规定”、“无歧视政策”等来保护员工的尊严。为保护员工身心健康，组织员工进行定期健康检查，使患病员工得到及时医治。车间内还配置了医药箱。对体检的内容也有人性化的考虑，例如规定了不能检查是否怀孕等造成招工歧视的条款。通过意见箱、访谈和工会组织，建立与员工的沟通渠道，保障员工的申诉机制。

（二）员工伴随企业共成长

企业依靠员工成长，企业成长应惠及每一位员工，他们不仅应获得工作、休息的权利，还应该获得学习的机会。

公司大部分员工都是农民工，我们认为提升农民工的素质，不仅是保证产品质量的基础，也是我们企业回报社会的一种表现。他们在这里接受培训，获得一技之长，无论是否继续服务我们企业，对社会而言，都是多了一个有技能的员工。这几年，有好几位从我们企业走出去自主创业的员工，他们不仅为社会提供了就业机会，还把大河针织有限公司的社会责任的一些制度、要求和方法带过去，使大河的社会责任实践得到了延伸。

为员工做好培训工作。平等对待每一位员工，根据员工发展的不同需求，为员工教育培训提供渠道。劳动人事部门组织缝制工技术等级考核，报名参加考核的缝制工已有151人，缝制工考核工作深得缝制工认可，他们把技术等级看做是一种荣誉、一种目标和一种能力。对有提升文化学历意愿的员工，工会联系农广电大，提供工商行政管理大专班就读机会，为今后的发展打下基础。从2006年开始公司与农广校合作，组织员工参加农广校电大分校自学考教育，为员工创造接受大专学历教育机会，现已有25名员工获得电大工商管理大专学历，目前还有18名在读生。

关注和保障残障人士的利益和身心健康。公司现有残障人员5名，公司分别根据他们的能力，有的担任管理职务，有的安排在单位负责电梯的上下运行；有的负责食堂辅助工作，有的负责样衣打样的工作，使他们力所能及发挥作用。

开展形式多样的集体活动。2009年10月组织600多名员工分三批赴宁波东钱湖、五龙潭景区三日旅游；组织"金秋卡拉OK"比赛；举办以"承光荣传统，展辉煌成就，扬大河精神，创和谐企业"为主题的公司成立20周年庆典活动，员工们自编、自导、自演文艺节目将庆典活动的气氛推向高潮，增强了企业的凝聚力。

在履行社会责任的其他方面，我们还十分关注保护环境，节能减排，以及对社区的贡献等方面。近几年来，公司还在节能减排方面投入了近百万元资金。在服务社区方面，公司积极配合落实政府促进就业的相关法律法规政策，千方百计提供相应岗位。公司还积极吸纳残障特殊人群，妥善为其安排适当的工作岗位，公司积极参与社区的慈善捐助等社会公益事业。

三、让绿灯亮起——我们和社会的共同期盼

在长达十几年的日子里，我们经历了不同国外厂商多达200次以上的验厂，从最初的红灯到橙灯，我们尝受了苦辣酸甜的滋味，也从最初的消极和观望到应付，变成积极和主动的行为。

显然，企业承担并履行社会责任是社会发展的必然趋势，履行社会责任对企业的持续发展非常重要。近几年来公司在企业社会责任实践中受益匪浅。

（一）建立了和谐的劳资关系，促进了企业的发展

对于一个劳动密集型企业而言，有一支相对稳定、技术熟练的员工队伍是保证产品质量、保证订单的重要基础。这些年来，我们对这项工作常抓不懈，建立这样一支员工队伍，是我们公司这些年持续发展的原因之一。特别是在金融危机中，我们订单不减，正是因为我们的员工队伍稳定，产品质量稳定得到了顾客的信任，才使我们顺利度过危机。

（二）提升了企业的形象，赢得了顾客的信任

从10年前，我们开始接触到社会责任的概念，到开展一系列工作，从员工、产品质量、环境保护、开展公益活动等各个方面提升了企业在社会责任方面的美誉度，增强了企业的软实力。在一个个国际品牌的跨国公司一次次验厂中，也看到了我们企业的成长，我们用自己的实际行动打动了客户，企业在行业内和市场上的知名度有了明显提高，因此也吸引了很多新的客户。在去年的金融危机中，正因为我们很好地履行了企业社会责任，提升了企业竞争力，才使我们在金融危机中安全度过，获得了不少订单。可以说，我们通过切身的经历体会到：多年来关注社会责任，可以有效提升企业的形象，增强企业的竞争力。

企业社会责任需要长期积累，而且要成为企业经营发展的一部分，企业必须坚持以人为本，改善职工待遇，把社会责任贯彻到企业管理的各个方面，提高企业履行社会责任的自觉性，才能实现社会与企业的共赢，才能真正构建一个和谐企业，实现可持续发展。

在未来的企业社会责任的实践活动中，我们还有改进的机会，还有挑战的机遇。红灯消失了，橙灯亮起来了，我们还期待更多的绿灯亮起，这不仅是社会的期盼，更是我们企业的责任。

附录二　上海大河针织有限公司社会责任标准

1　范围

本标准适用于上海大河针织有限公司下属的各职能部门。

2　规范性引用文件

本标准的制定以中华人民共和国相关法律的要求为基础，并充分参考了我国政府已认可的涉及社会责任的国际公约、世界运动用品工业联盟（WFSGI）行动规范、上海大河针织有限公司员工手册、耐克行为准则。

本标准参考了上海质量管理科学研究院制订的《劳动密集型企业社会责任》标准。

本标准依据 GB/T 19001—2008/ISO 9001：2008；GB/T 24001—2004/ISO 14001：2004；GB/T 28001—2001 标准。

3　术语和定义

适用于本标准的术语和定义参见《劳动密集型企业社会责任标准》。

本标准中的缺陷产品是指由于设计、生产、运输等而带来人身健康、安全影响的产品。

4　社会责任要求

从顾客、环境、员工、社区、合作伙伴五个相关方出发，规定了本公司履行社会责任应遵循的基本要求。为确保满足这些基本要求，公司应建立、实施、保持社会责任管理体系，并形成文件。

4.1　对顾客的责任

4.1.1　产品质量/安全

本公司生产的产品 90%以上外销出口，公司确保所生产的产品符合身体健康和人身、财产安全的相关要求。

a）向顾客提供的产品，其安全性必须符合顾客提出的产品标准，顾客未提出标准的须参照相应的国家标准、行业标准或企业标准；

b）对于未制定国家标准、行业标准或地方标准的产品，要有相应的能确保人体健康和人身财产安全的措施；为防止断针伤人，公司在断针管理上严格执行《断针管理规定》，每件产品都必须经过检针器检查，确保产品符合要求；

c）对于国家标准中涉及的强制性标准 GB 18401—2003，本公司制订了 SBR/TS-06《针织面料物理测试》标准检测，确保符合人体健康。

所生产的产品符合相关要求。

a）公司严格实施 ISO 9001：2008 质量管理体系，制定质量方针、质量目标，实施方针目标管理；

b) 出厂产品经本公司检品中心全数检验后，送客户指定检品公司全品检验，合格后方可交付。

产品及其包装上的标识必须真实、规范。

a) 根据顾客的不同要求使用产品标识；

b) 按可追溯性要求，严格控制产品的唯一性标识。每批产品必须编制合约号并将顾客信息，出运数量输入电脑，数据信息保存二年。

对缺陷产品实施召回。

a) 如果发现缺陷产品，应停止生产并及时与顾客联系，寻求解决方案；

b) 对于已交付给顾客的缺陷产品，应及时向顾客召回，并采取修理、更换、退货等方式，防止、控制和消除缺陷产品可能导致的损害。

4.1.2 产品销售与服务

提供真实的产品信息。

a) 公司以图片资料和陈列室的实物产品展示，向顾客介绍公司的产品信息和管理模式；

b) 公司贸易部积极为顾客提供新面料和样品，做好销售与服务。

为顾客提供便利、及时、满意的服务，使顾客满意率达到质量目标的要求。

a) 建立与顾客沟通的便利渠道，收集顾客满意或不满意的信息，并按公司规定的《顾客满意度测量办法》要求，对顾客提出的产品相关咨询予以真实、明确的答复；

b) 根据顾客不同款式、不同面料和产品的要求提供服务，满足顾客需求；

c) 不断地获取和利用顾客需求信息，努力为顾客提供优质、安全、健康的产品和服务。

妥善处理顾客的投诉和赔偿。

a) 根据公司制定的投诉处理流程和办法，及时处理投诉，使投诉处理率达 100%，投诉满意率达 90%以上；

b) 如因公司的责任，使所生产的产品给顾客带来财产损害的，应依法予以赔偿。

加强顾客信息管理。

a) 对生产过程中有可能使用的顾客财产，如设计图样、样板、面料辅料、包装等进行标识、验证、记录并保存；

b) 在未获得顾客许可或法律授权之前，不得泄漏、提供、滥用顾客信息；

c) 如顾客对是否可以拥有和使用其信息提出质疑，应及时进行妥善处理。

4.2 对环境的责任

4.2.1 资源和能源管理

4.2.1.1 不断提高资源、能源的使用效率。

a) 技术科利用 CAD 智能排料软件，提高面料利用率；

b) 公司采用新技术、新工艺、新设备，添置自动裁床、拉布机等设备，降低产品的资源和能源消耗；

c) 能源使用由专人管理，公司在各部门安装了水、电汽表具，加强能源计量管理；每月统计千件能耗/水、电汽指标，并纳入考核。

4.2.2 环境保护

4.2.2.1 严格实施ISO 14001:2004环境管理体系要求，确保污染物的排放达到相关标准要求并逐渐减少。

a) 公司规定印花洗网板废水排放在隔水池内，并设置明显标识，防止泄漏；

b) 确保水、气、声等污染物的排放达到国家、上海市或闵行区相关法律法规和标准的要求，并每年组织一次合规性评价；

c) 采取措施，在公司食堂安装油水、油气分离装置，降低污染物的排放量，逐步减少对环境的污染。

4.2.2.2 采取措施，防止或者减少危险废物对环境的污染。

a) 为防止危险废物对环境的影响，公司制订了《固体废弃物管理规定》、《废弃排放管理规定》、《食堂油烟排放管理规定》，并组织实施，达到环境管理体系要求；

b) 对于列入《国家危险废物名录》的废物，建立、健全相关的管理、处理制度；

c) 按照国家、上海市或闵行区有关规定，对危险废物进行收集、贮存、运输、处理及处置；

d) 严格遵守国家环境保护总局的《危险废物转移联单管理办法》，对印花过程中产生的废水转移进行有效监管。

4.2.2.3 采取有效措施，积极开展污染预防工作。

a) 建立污染预防机制，对生产过程可能产生的污染，公司制订了《危险化学品紧急处理预案》，加强对防污设备、设施的日常检查和维修；

b) 公司二台锅炉用天然气清洁能源，以避免、控制或减少污染物及废物的产生及其对环境的有害影响。

4.3 对员工的责任

4.3.1 依法签订和履行劳动合同

4.3.1.1 依法与劳动者签订劳动合同。

a) 招用员工，建立劳动关系时，应按照法律法规的要求，遵循平等自愿、协商一致、诚实信用的原则，订立书面劳动合同；

b) 劳动合同订立时，应如实告知员工，并应在劳工合同中具备的条款包括但不限于下列内容：

——单位的名称、住所和法定代表人或者主要负责人；

——劳动者的姓名、住址和居民身份证或者其他有效身份证件号码；

——劳动合同期限；

——工作内容和工作地点；

——工作时间和休息休假；

——劳动报酬；

——社会保险；

——劳动保护、劳动条件和职业危害防护；

——法律、法规规定应当纳入劳动合同的其他事项。

c) 劳动合同双方当事人各自留存具有法律效力的劳动合同文本，作为双方当事人履行劳动合同约定内容的依据；

d）劳动合同的变更、解除和终止，应符合相关法律法规的规定。

4.3.2　童工及未成年工

4.3.2.1　严格禁止招用童工。

a）不得招用或支持招用未满16周岁的未成年人，包括应依法接受义务教育的人；

b）如果发现已经招用了未满16周岁的未成年人从事工作，应当建立记录，并保留旨在救济被招用未满16周岁的未成年人的措施以保障其身心健康，并保障其接受义务教育的权利。

4.3.2.2　加强对未成年工的管理。

a）用未成年工必须符合国家法律、法规的要求；

b）依照国家有关规定招用未成年工人的，必须在工种、劳动时间、劳动强度和保护措施等方面执行国家有关规定，不得安排其从事过重、有毒、有害的劳动或危险作业；

c）无论工作地点内外，未成年工不应被置于危险、不健康、不安全的环境中，并且应保证其每年至少接受一次体检。

4.3.3　强迫或强制劳动

4.3.3.1　严格禁止使用或支持使用强迫或强制劳动。

a）不得以暴力、威胁或者非法限制人身自由等手段强迫或强制员工劳动或服务；

b）不得在招用条件中规定任何个人缴费内容，也不得强制要求员工寄存身份证；

c）不得以任何理由收取任何形式的押金。

4.3.4　工作时间

4.3.4.1　必须遵守国家法律法规有关工作时间及休假的要求。

a）在正常情况下保证员工每日工作不超过8小时，每周工作不超过40小时；

b）由于生产经营需要延长工作时间的，必须与工会和员工协商后方可适当延长工作时间，一般每日不得超过1小时；因特殊原因需要延长工作时间的，在保障员工身体健康条件下，每日不得超过3小时，每周延长工作时间不得超过20小时；延长工作时间应是员工自愿，员工不愿延长工作时间的，不得作缺勤考核；

c）保证每位员工每7天至少有一天的休息日；

d）因市场周期性的变化不能执行上述规定时，应依据相关法律申请实行不定时工作制或综合计算工时制；

e）在法定休假日和婚丧假期间，应依法安排员工休假。对于连续工作一年以上的员工，应按照国家的带薪年休假制度，给予员工规定天数的带薪休假。

4.3.5　工资和福利

4.3.5.1　遵循按劳分配原则，进行工资分配。

a）在用工之前为员工提供书面的、易于理解的工资收入信息，并将劳动合同中约定的基本工资、奖金、福利、补贴等工资收入按时足额支付给员工，并在每次支付工资时为员工提供书面工资收入清单以方便员工复核；

b）严格执行上海市最低工资标准，并且以货币形式支付；

c）按照国家有关规定向员工支付加班工资，工作日加班应按平时工资标准的 1.5 倍支付，休息日加班应按平时工资标准的 2 倍支付，法定节假日加班按平时工资标准的 3 倍支付；

d）保证不会因员工工作过失或违反公司规章制度而扣减工资；

e）根据自身的经营效益，逐步提高员工的工资水平，并建立起特殊贡献的奖励机制。

4.3.5.2　保证员工的福利待遇不低于法律、法规要求。

a）保证按时足额缴纳员工依法享受的社会保险金，不得拒绝替员工参保或随意降低社会保险基数；

b）为所有外来员工按时足额缴纳综合保险。每年为外来员工提供一份上海市外来从业人员综合保险老年补贴凭证；

c）以货币形式向员工提供伙食补贴、外来员工住房补贴、高温津贴、夜班津贴等福利。

4.3.6　劳动保障

4.3.6.1　加强对女员工的特殊保护。

a）不得安排女员工从事国家相关法律规定不得从事的劳动；

b）不得在女员工经期、怀孕期、生产期、哺乳期间，安排其从事超出国家相关法律规定劳动强度的劳动；

c）女职工生育享受不少于九十天的产假；

d）不得以结婚、怀孕、生产、哺乳等为由辞退女员工或者单方解除劳动合同；

e）进行适当的预算安排，每二年对女员工进行一次专项体检。

4.3.6.2　加强职业病的防治管理。

a）针对印绣花车间、试化验室建立、健全职业病危害因素监测、评价及建立制度，并组织实施；

b）对容易产生职业病岗位的员工实施岗前体检、在岗体检、离岗体检的制度，并组织实施。为做好职业病防治工作，为容易产生职业病岗位的员工提供牛奶等营养品。

4.3.7　职业健康与安全

4.3.7.1　严格执行国家有关职业健康与安全的规定和标准，建立、健全职业健康与安全的管理体系。

4.3.7.2　提供安全、卫生的工作环境。

a）确保安全生产的投入，所有机器应设有安全罩，为员工提供适合各自岗位的工作服、工作鞋以及工作帽，印绣花车间员工提供手套、口罩、耳塞等劳动防护用品；各工作区域配备医药箱保证劳动安全卫生设施达到国家规定的标准；

b）采取必要的措施，工作区域每层最少有两个以上未上锁及畅通无阻的出口，所有门均向外开，紧急出口应备有安全出口指示标志，备有应急灯照明疏散通道，最大限度地降低工作环境中的危害隐患；

c）在车间设立休息室，为员工提供清洁卫生的饮用水；

d）员工宿舍每间房间人均面积不应少于 4 m^2，每间房间不可超过 8 人，设施的卫生与安全保障应纳入公司健康与安全的管理体系中。

4.3.8　**平等对待员工**

4.3.8.1　杜绝一切形式的歧视。

a)　在涉及聘用、报酬、培训机会、升迁、解职或退休等事项上，不得从事或支持基于国籍、宗教、种族、血统、社会出身、社会阶层、身体残疾、性别、婚姻状况、工会会员、政治归属、年龄或其他方面的歧视；

b)　尊重员工不同的风俗习惯和信仰，只要该风俗习惯与信仰符合国家法律和政策要求，并且不会伤害到公司或其他员工的合法权益。

4.3.8.2　杜绝强迫劳动。尊重员工人格，保障每位员工的身体与精神健康，禁止骚扰、虐待与体罚，保证员工不会受到体罚、殴打，也不得支持或纵容该类行为。

4.3.8.3　积极开展员工职业教育培训。

a)　建立职业教育培训制度，按照国家规定为员工提供安全培训，提留和使用职业教育培训经费；

b)　根据实际情况，有计划地对员工实施职业培训，从事技术工种的员工，上岗前必须经过职业技能培训；

c)　每年应组织二次技术等级考核，为员工提供上升通道；

d)　对残疾员工进行有针对性的岗位技术培训，提高其劳动技能和技术水平。

4.3.9　**工会组织和集体谈判**

4.3.9.1　承认并尊重员工组织和参加工会，及其平等协商的权利。

a)　员工不分民族、种族、性别、职业、宗教信仰、教育程度等都有参加工会的权利；

b)　保证员工不会因为参加工会或者履行工会职责而遭到歧视、骚扰、胁迫或报复；

c)　支持工会的建立、运转和管理，保证工会及其代表在依法行使职责时不会受到干涉和破坏；

d)　工会和员工可以通过意见箱、例会、职代会等渠道就公司社会责任管理体系的持续改进与管理层进行沟通；

e)　每二年由工会代表职工与公司平等协商，签订集体合同、工资集体协商协议，内容包括劳动合同、薪酬福利、职业健康安全、员工合法权益等。

4.4　**对合作伙伴的责任**

4.4.1　**恪守诚信**

4.4.1.1　诚实、公平、守信地订立、履行商业合同，建立健康的合作伙伴关系。

4.4.1.2　在自身经营过程中，应尊重顾客的知识产权，包括商标的使用，不参与任何侵犯知识产权的活动。

4.4.2　**公平竞争**

4.4.2.1　在接单、采购等经营活动中抵制行贿、索贿等各种形式的商业贿赂，并鼓励举报商业贿赂行为。

4.4.2.2　采用正当手段获得竞争优势，反对商业垄断，不损害竞争对手的商业信誉。

4.4.3　**责任采购**

4.4.3.1　考虑供应商和合约工厂的社会责任绩效，与供应商和合约工厂签订社会责任协议书，督促其履行社会责任要求。

4.4.3.2　充分发挥自身影响力，鼓励和带动上、下游企业积极履行社会责任。

4.5　**对社区的责任**

4.5.1　**促进就业**

4.5.1.1　积极配合落实政府促进就业的法律法规、政策及措施，提供相应的工作岗位，优先招用所在社区的劳动力，配合街道、居民委员会解决待业劳动力的安置问题。

4.5.1.2　建立促进就业长效机制，根据企业生产需要，招聘一定数量的劳动人员。

积极关心社会弱势群体的生存和发展，积极吸纳残障等特殊人群，妥善为其安排适当的工作岗位，并加强残障员工的教育培养和技能培训。

4.5.2　**参与社区建设**

4.5.2.1　积极参与社区的慈善捐助等社会公益事业，不应以捐赠和慈善为名从事营利性活动。

4.5.2.2　视实际情况，安排相应的人力和财力，维护厂区周边的交通秩序，支持社区建设。

5　社会责任管理体系

5.1　总要求

按本标准的要求建立社会责任管理体系，将其形成文件，加以实施和保持，并持续改进其有效性。

5.2　公司社会责任方针

努力实现公司经营与社会责任的高度统一。

a）　致力于污染预防和持续改进，严格遵守有关法律、法规和其他要求；

b）　致力于产品质量安全，为消费者提供安全健康的产品；

c）　致力于建立健康的合作伙伴，尊重知识产权，恪守诚信；

d）　致力于以人为本，构建和谐企业；

e）　致力于社会公益事业，积极参与社区建设。

5.3　职责与权限

5.3.1　公司最高管理者应确保公司内履行社会责任的职责、权限得到规定和沟通。

5.3.2　公司最高管理者应在本公司管理层中指定一名成员为管理者代表，无论该成员在其他方面的职责如何，应使其具有以下方面的职责和权限：

a）　确保按照本标准的要求建立、实施与保持社会责任管理体系；

b）　向最高管理者报告社会责任管理体系的绩效和任何改进的需求；

c）　确保在整个公司内提高社会责任的意识。

5.4　内部审核

5.4.1　按策划的时间间隔进行内部审核，以确定社会责任管理体系是否：

a）　符合策划的安排和本标准的要求；

b）　得到有效实施与保持。

5.4.2　策划审核方案，策划时应考虑拟审核的过程、部门的状况和重要性以及以往审核的结果。应规定审核的准则、范围、频次和方法。审核员的选择和审核的实施应确保审核过程的客观性和公正性。审核员不应审核自己的工作。

5.4.3　编制形成文件的程序，以规定审核的策划、实施、形成记录以及报告结果的职责和要求。应保持审核及其结果的记录。

5.4.4　负责受审核部门的管理者应确保及时采取必要的纠正措施并进行纠正，以消除所发现的不合格及其原因。后续活动应包括对所采取措施的验证和验证结果的报告。

5.5　管理评审

5.5.1　总则

公司最高管理者应按策划的时间间隔评审社会责任管理体系，以确保其持续的适宜性、充分性和有效性。评审应包括对公司社会责任管理体系、目标和指标进行改进的机会和需求。应保存管理评审的记录。

5.5.2　评审输入

管理评审的输入应包括以下方面的信息：

a）　审核结果；

b）　来自相关方的评价，包括抱怨和投诉；

c）　公司履行社会责任的绩效；

d）　纠正和预防措施的状况；

e）　以往管理评审的跟踪措施；

f）　相关的法律法规和其他要求的变化；

g）　可能影响公司社会责任管理体系的修改；

h）　改进的建议。

5.5.3　评审输出

管理评审的输出应包括与以下方面有关的任何决定和措施：

a）　公司社会责任报告，并可为公众所获取；

b）　公司社会责任管理体系有效性的改进；

c）　资源需求。

5.6　记录

5.6.1　为提供符合要求及公司社会责任管理体系有效运行的证据而建立的记录的控制。

5.6.2　公司应编制记录控制程序，以规定记录的标识、贮存、保护、检索、保留和处置所需的控制，记录应保持清晰、易于识别和检索。

附录三 “2010年上海企业社会责任论坛”专题

在本书即将成稿之际，2010年4月15日，由上海市经济团体联合会、上海市企业联合会、上海市质量协会、上海进出口商会四个协会以及上海质量管理科学研究院联手举办的“浦江经济论坛暨2010年上海企业社会责任论坛”，在上海延安饭店隆重举行。论坛的主题为“树立现代经营理念，切实承担社会责任”，国内一些从事企业社会责任相关领域研究的政府官员及行业协会的专家纷纷在论坛上作重要讲话和发言，阐述自己对于我国企业社会责任认识和理解，并就如何更好地在我国推进企业社会责任发表了各自有建设性的观点，这里将这些讲话搞作为本书的附件，也一并为各位读者奉上。

专题一 探索一条符合中国国情的企业社会责任之路

国家认证认可监督管理委员会副主任 **谢 军**

随着世界经济的发展，企业的社会责任问题越来越得到社会各界的广泛关注。尤其是近三十年来，中国的经济发展和社会进步取得了举世瞩目的伟大成就，从物质层面的现代化，到精神层面的现代意识，都实现了历史性的跨越。推进企业积极履行社会责任，是企业贯彻落实科学发展观的实际行动，是保持可持续发展能力的有利保证，也是企业广泛参与国际交流与合作的客观需要。

从国际层面来看，制定统一的社会责任国际标准的呼声越来越高，国际标准化组织ISO于2003年专门成立了社会责任顾问组，就ISO制定社会责任国际标准进行了系统的可行性研究，并且于2004年8月成立工作组，专门起草ISO 26000——社会责任指南。截至2009年6月，ISO社会责任工作组包括了来自78个ISO会员国以及37个联络员组织，参与ISO 26000制定工作的专家合计达到524人。ISO 26000按照社会责任相关方的形式，对企业社会责任要求，从组织治理、人权、劳工实践、环境、公平运行实践、消费者问题、社会发展七个方面进行展开。届时，ISO 26000将成为首个社会责任方面国际通行的指南标准。推进ISO 26000，对我们来说既是机遇，也是挑战，中国作为ISO组织的常任理事国，全程参与了ISO 26000的制定工作，该标准在一定程度上，反映了我国的实际情况。但也因为是一个国际通行的标准，其内容也包含了大量与我国政治经济环境和社会、道德发展水平不相适应的内容，这也需要我们做更多更细的工作，加以改进和完善。

从我国的情况来看，大量劳动密集型出口加工企业，为了获得跨国采购商的国际订单，大都应国外采购商的要求，接受跨国采购商或其委托的外部机构所实施的第二方社会责任审核。为减少跨国采购商重复性的多种社会责任审核，有些国内出口加工企业甚至直接委托国外一些机构实施社会责任第三方认证。但所有这些社会责任认证或者审核，其主要认证依据均为国外的有关社会责任标准，例如，跨国采购商各自的“供应商行为准则”、“社会责任”的SA 8000标准等。这些标准往往是根据其所在国的法律法规、社会发展程度和道德标准制定的，与中国的法律法规、社会发展程度和道德标准并不完全一致。此外，由于不同国家、不同机构、不同采购商所提出的标准要求不尽相同，进而在客观上形成社会责任标准繁杂、要求不一、重复审核、重复认证等一系列问题，给中国的企业履行社会责任，贯彻企业社会责任标准，通过相应的认证和审核造成了比较大的困难和影响。

为探索一条符合中国国情的企业社会责任之路，国家科技部、国家认监委及有关部委高度重视，相继立项，并开展了基础性的研究。

据《2001～2009年中国企业社会责任报告研究》显示，2009年中国企业发布的各类社会责任报告达582份，是2008年的3.44倍，占全球报告总数的份额也由2008年的5%激增到15%，呈现“井喷”式增长态势。这一切都昭示着中国企业在推进社会责任方面的觉醒和行动上的跟进。认证认可作为《国家中长期科学技术发展规划纲要》的内容，是国家科技创新的重要组成部分，“十一五”国家科技攻关项目“国家重点领域认证认可推进工程”为认证认可行业科学管理奠定了理论和技术基础。

其中，《劳动密集型企业社会责任核心要素及其基准研究》课题，由上海质量管理科学研究院承担。该课题以劳动密集型企业为重点研究对象，从设计建立适应现阶段国情特点的社会责任认证认可制度出发，重点分析了企业社会责任的内涵，并制定了劳动密集型企业社会责任标准。我以为，这项课题的研究，应该更进一步紧密跟踪研究ISO 26000，结合我国国情、社情、企情，吸收其合理内容，实事求是地对企业社会责任管理体系进行完善，积累宝贵经验，努力为我们国家的企业社会责任标准工作和认证认可工作提出更加积极的建议，为全国范围的推广打下更好的基础。

在经济全球化日益深化的新形势下，国际社会高度关注企业社会责任，履行企业社会责任，将有利于树立我国负责任的发展中大国的形象。可以相信，在上海有关政府部门的关心支持下，在有关行业协会组织的积极推进下，一定能够推进广大企业提升社会责任，积极履行社会责任，并在探索企业社会责任的管理和理念上迈出更大的步伐。

专题二 “四位一体”推进社会责任提升城市国际竞争力

上海市质量技术监督局副局长 沈伟民

在2010上海世博会即将举办之际，非常高兴能够参加本次企业社会责任论坛，也非常高兴看到这么多行业协会和企业领导对企业社会责任的关注。下面，结合本次论坛的主题，我重点谈两个方面的问题。

一是在当前企业社会责任广受关注的大背景下，重视推动企业履行社会责任的建设，目前也已形成了良好的舆论氛围和风气，这必将促进企业社会责任的良性、长远的发展。

近年来，企业社会责任问题越来越受到国际社会的关注，社会责任的履行能力已成为企业“软实力”的重要组成部分，成为决定企业经营成败的关键因素。联合国G20峰会的召开举世瞩目，节能减排、气候变化这些命题从来没有像现在这样成为迫在眉睫且无从回避的问题，人们开始思考：如果放任人性的贪婪会酿成金融市场的泡沫，对资源的无节制滥用必然会影响整个地球的未来。

同样在中国，企业社会责任影响力之广，范围之大越来越受到人们关注。胡锦涛主席在2008年亚太经合组织工商领导人峰会上指出：“在经济全球化深入发展的条件下，企业应该树立全球责任观念，自觉将社会责任纳入经营战略，遵守所在国法律和国际通行的商业习惯，完善经营模式，追求经济效益和社会效益的统一。”无论是面对国际金融风暴的冲击，还是面临全球气候变化的挑战，中国都展现出一个责任大国的形象，越来越多的中国企业跻身世界五百强，更多的跨国公司进入中国市场，中国的经济转轨、社会转型渐入佳境，影响已经不局限于中国，而开始撬动世界。

当前我们正处于新中国成立已经60年，改革开放已经走过了30载的历史阶段，一个充满活力、欣欣向荣的中国，如何以和谐、友善、负责任的形象屹立于世界，面对未来这是中国政府的责任，是中国企业和企业家的责任，是每个社会公民的责任，也是我们今天探讨企业社会责任的发展所需要思考的问题。

上海市率先制定实施企业社会责任标准，反映了社会的需求、政府的要求、企业的呼声和人民群众的关注，在全国起到了示范带动作用，取得了一定的成效。

为倡导并建立政府、企业、社会中介组织共同推进企业社会责任体系，从2007年12月，上海市质量技术监督局就将制订企业社会责任地方标准正式立项，列入2007年第二批上海市地方标准制修订项目计划中，并在作为国家级综合配套改革试验区的浦东新区率先开展试点。

作为国家级综合配套改革试验区，浦东新区被赋予了“先行先试”的权力，确立企业社会责任地方标准、建立企业社会责任体系正是浦东利用“先行先试”优势服务上海，服务全国的一大举措。从2007年5月全面启动建立企业社会责任体系工作后，先后推出了《浦东新区企业社会责任导则》、《浦东新区推进企业履行社会责任的若干意见》、《浦东新区建立企业社会责任体系三年行动纲要》等文件，并提出了“通过三年的努力，力争达到各类诚信标准的示范企业1 000家、达到社会责任标准企业超过200家、发布社会责任报告企业300家”的工作目标。奠定了推进企业社会责任的基石，确立了政府引导、企业自觉、行业自律、社会监督“四位一体”推进企业社会责任的体系框架和机制。截至2009年底，浦东已有107家履行社会责任较好的企业通过第三方评估，成为新区企业社会责任达标企业。其中，巴斯夫、上海东昌、外高桥等12家企业获“浦东新区2008年度率先模范履行企业社会责任的优秀企业”荣誉。

2009年1月1日，在原《浦东新区企业社会责任导则》基础上编制的《上海市企业社会责任地方标准》已经正式在上海全市颁布实施，成为全国首个省级企业社会责任方面的地方标准。上海市企业社会责任标准在全球金融危机的前夜出台，符合当前实践科学发展观，构建和谐社会大背景，反映了社会的需求、政府的要求、企业的呼声和人民群众的关注，在全国起到了示范带动作用，有助于推动更多的企业履行社会责任，应对金融危机，提高企业竞争力。随着标准的推广实施，广大企业的踊跃参与，充分体现了企业对于履行社会责任的重视和关心，也体现了申请评估企业对社会责任评估工作的认可和支持。在上海加快推进“四个率先”、加快建设“四个中心”和现代化国际大都市进程中，一定会为推行企业社会责任催生更多机遇、孕育更多商机、提供更大的舞台。

二是结合国家的大政方针和上海社会经济发展的实际，对《社会责任标准》应加大宣传推广，并在实践中进一步完善。

2010 年,国家质检总局组织开展质量提升活动,在提升质量安全水平方面,市质监局也重点聚焦城市国际竞争力的提升,加大质量宏观指导力度和聚焦产业结构调整优化,全面推进“三大战略”的实施。因此,围绕 2010 年上海世博会举行,在推进企业产品质量安全责任落实,加强质量诚信体系建设和标准完善等方面,我们还需要进一步努力,做好三方面工作。

1. 要广泛开展《企业社会责任》地方标准的相关宣贯培训及评估工作,进一步鼓励本市企业积极申请参与企业社会责任评估。大力宣传企业是第一责任人的理念,推动企业社会责任的实践。要选树优秀的典型,收集、编制企业履行社会责任优秀示范案例集,把企业推进企业社会责任的好的理念和做法,通过网站、媒体、专题交流会等形式,进一步向全社会宣传和推广,形成全社会积极响应和切实推行的良好氛围。要鼓励企业定期发布社会责任报告,使社会责任报告的发布成为企业的自发、自觉行为,报告的内容能真实反映企业兑现社会责任承诺的实践和成功经验。

2. 要建立社会责任管理体系。上海质量管理科学研究院承担的“十一五”国家科技支撑计划项目课题《劳动密集型企业社会责任核心要素及其基准研究》,积极吸取上海市社会责任推进工作的经验,提出一套切实可行的管理方法,为政府有关部门提供了很好的建议。政府部门要建立健全企业社会责任评估表彰、信息披露和举报惩戒机制,确保社会责任达标企业评估的公平、公开和公正,鼓励和约束企业的社会责任行为。要加强社会舆论的宣传和引导,通过加强社会责任方面的宣传,形成良好的社会责任舆论氛围,为企业履行社会责任营造良好的外部环境。

3. 要鼓励企业结合低碳理念、世博契机,积极实践适合中国国情和企业实际的社会责任行动。低碳经济是当今世界的一种最新潮流,也是一个地区乃至全球经济可持续发展的必然要求,更是全社会企业和公民应尽的义务和责任。在中国企业面临低碳经济的机遇和挑战的时候,如果能以哥本哈根全球气候会议、2010 年上海世博会、企业社会责任为结合点,体现政府、企业、行业协会、社会媒体公众共担社会责任的精神,必将为企业调整产业结构、推动产品向价值链高端发展提供动力,为技术创新带来机遇,创造无限商机,促进社会发展。

中国文明传统中,社会责任的核心价值观源远流长,义利兼顾、讲究诚信、“兼相爱、交相利”、“修己以安人、修己以安百姓”的基因历久弥新,传统文化精髓和现代市场理念殊途同归。我们相信,中国式企业社会责任将在 21 世纪崛起,不仅将引领中国的发展进步,也是贡献给世界的精神财富。我们相信,通过加强交流与合作,必将对企业社会责任的建设起到积极的促进作用。我们相信,在中国实现大国崛起的过程中,在企业利益和国家利益的同构中,在经济利益和社会利益的协调中,中国企业一定会走出一条有中国特色,为世人赞许的发展道路。

专题三 履行企业社会责任,促进外贸可持续发展

上海进出口商会会长 汤庆福

放眼世界,企业社会责任已经成为经济全球化过程中的一个新热点。中国企业的社会责任发展情况,已经引起国际社会的普遍关注。2006 年以来,我国出现了政府、行业组织、研究机构和企业共同推进社会责任的可喜局面。

（一）企业的社会责任与生俱来

企业的社会责任是一个新概念，但不是新事物。企业出生之日，即是社会责任伴生之时。因为企业一出生，就不可避免地建立起企业与投资者、合作者、消费者、员工等利益相关者的关系，建立起企业与社会、环境的关系。而要使这些关系达到高度的和谐，企业就必须履行其应尽的责任。当然企业对社会责任的认识，有一个从“不认识”到“部分认识”再到“全面认识”的过程；企业对社会责任的履行，也有一个从“未履行”到“部分履行”再到“全面履行”的过程。现在我们要做的工作就是要缩短这个过程，首先应从企业对社会责任的认识入手。当前，在对企业社会责任的认识上有几个误区，需要讨论、澄清，趋向统一。

第一，企业社会责任是慈善行为吗？企业社会责任行为包括慈善行为，在我们的国家遇到困难的时候，在全民抗灾救灾的时候，需要整个社会的关爱，需要企业捐钱捐物。但是企业社会责任不等于慈善行为，因为企业与社会、环境、利益相关者有着全面的关系，企业有一个回报社会、关爱自然、关爱地球，与各方利益相关者建立和谐关系的责任。

第二，企业的社会责任是贸易壁垒吗？企业社会责任在本质上不是贸易壁垒。因为，我们的国家现在倡导的以人为本、和谐社会、低碳经济、资源节约、环境友好等理念以及现在开展的节能减排活动，它与企业社会责任的内涵是完全一致的。但是，由于不同国家、不同行业组织推行的标准不同，这就有可能被一些国家在强化贸易保护主义的时候故意抬高其标准，形成对进口商品的一种阻碍。但是，我国企业如果履行社会责任，跨过了这一道坎，就能进入这个市场。

第三，企业社会责任是额外负担吗？履行社会责任确实是有投入的，包括人力、财力、物力等的投入。但是它有利于构建企业内部和谐的劳资关系，有利于树立企业良好的外部形象，有利于提高企业的竞争力，有利于形成稳定的客户关系，有利于在国际市场上拿到大额的订单。因此，履行社会责任，这是企业发展的内在需要。

第四，企业社会责任是大企业的事吗？企业不分大小，都要讲社会责任。当然，企业处在不同的发展阶段，其能力分大小。大企业往往走在前面，小企业要紧紧跟上。小企业认真履行社会责任，才有可能一天一天变强、变大。

第五，企业社会责任是明天目标吗？现在有些企业强调，金融危机尚未过去，企业当务之急是要走出困境，企业社会责任可以放到明天、后天去讲。其实，企业越是困难越是要讲责任，越是要追求和谐。只有讲责任讲和谐，企业才可能走出困境。同样在金融危机背景下，上海大河针织公司能拿到6 000多万元的订单就是一个有力的例证。所以，企业社会责任要从今天讲起，从今天做起。

（二）外贸企业应该以全球视野来履行社会责任

这里讲的外贸企业是一个广义的概念，包括所有从事进出口业务的企业。当前，我们的国家正在国际上树立负责任的发展中大国形象，我们国家的外贸正在从贸易大国向贸易强国的目标迈进。在这个过程中，要求我们的外贸企业自觉增强社会责任意识，认真履行社会责任。

第一，我国的出口商品应该展现中国的社会责任形象。我国出口商品的质量安全应该对进口国消费者负责。目前在有些国家、有些市场，中国产品的质量问题经常遭到消费者的投诉，遭到媒体的曝光，严重损害了 MADE IN CHINA 的形象。我国企业的出口商品，不仅关系到企业的形象问题，而且关系到国家的形象问题。我国产品要进入国际市场，要牢固地站住脚，必须充分展现出中国企业的社会责任感。

第二，向跨国采购网络要订单应该符合供应链的社会责任标准。进入 21 世纪，上海提出要向跨国采购网络要订单。这个思路得到了当时外经贸部的肯定。当时，上海创办了我国第一个跨国采购洽谈会，邀请跨国采购商来摆摊位，供应商带产品来与采购商洽谈。这是一种与广交会、华交会不一样的逆向采购方式。跨国采购洽谈会开幕后，国内许多省市的供应商拿着产品来了，其中有不少产品未被认可。原因是，这些跨国采购商对产品、对供应商有许多要求，其中包含社会责任的一些内容。鉴于这一情况，主办方组织了一些培训。有相当多的企业通过培训，通过履行社会责任，经过多次验厂达到了标准，从此进入了跨国采购商的供应链，成为其稳定的客户，拿到了稳定的订单。

第三，企业走出去投资办厂、承包工程，应该接轨所在地的社会责任要求。我国企业对外投资，有相当数量的企业不太成功。除了企业不熟悉当地的制度环境、文化环境的原因外，还有一个很重要的原因是企业社会责任严重缺失，企业在当地的社会责任形象不佳。鼓励企业“走出去”，是我国正在实施的一项重要发展战略，“走出去”的企业要以全球视野来思考社会责任，履行社会责任。只有这样，“走出去”的企业才能顺利走进国际市场，才能和谐融入当地社会，才能成为负责任的、受欢迎的、成功的跨国经营企业。

（三）上海外贸企业要率先履行社会责任

当前，上海正在全力实施国家战略，加快国际经济、金融、贸易、航运中心的建设；上海正在按照国家的要求，率先转变经济发展方式，率先提高自主创新能力，率先推进改革开放，率先构建社会主义和谐社会。上海的发展目标、上海的历史使命，要求上海的外贸企业率先履行社会责任。

第一，要率先增强企业的社会责任意识。企业有没有社会责任意识，关键是企业家有没有社会责任意识。没有企业家的强烈的社会责任意识，那么企业的社会责任意识也树立不起来。

第二，要率先实行企业社会责任行为。企业要尽力而为，量力而行，注重实效，切勿作秀。

第三，要率先达到企业社会责任标准。不要求一步登天，而是确定目标，循序渐进，哪怕是小步走，只要不停步，就一定能接近和实现目标。

上海进出口商会作为上海进出口行业的协会，将放眼世界，立足行业，面向企业，全力推进外贸企业履行社会责任，积极做好宣传、培训、调研、咨询、服务工作，与上海广大的外贸企业共同承担和履行起神圣的社会责任，努力促进上海外贸发展方式的转变，努力促进上海外贸企业责任竞争力的增强，努力促进上海外贸的可持续发展。

专题四 制定中国企业社会责任标准势在必行

上海市质量协会 金国强

一、企业履行社会责任已成为大势所趋

1. 社会责任已成为全球关注热点

首先，在美国质量协会连续5年的《全球变化推动力调查》中，“社会责任”的重要度持续上升，2008年“社会责任”在所有关键词中位列第二，仅次于排在第一的“全球化”。其次，自20世纪90年代迄今，国际上已形成近400个企业社会责任相关标准，其类型大致可分为：企业标准、地方标准、民间组织标准、行业性协会标准、国际组织标准等。第三，ISO正在组织制定26 000标准，目前已颁布DIS版本，计划在2010年9月完成标准制定并正式颁布。

2. 主动担负社会责任已成为企业的共同选择

2008年8月至2009年9月上海质量管理科学研究院在上海、浙江、江苏、安徽、四川对1 300家样本企业开展的调查显示：96%的企业认为“履行社会责任”是可持续发展的必然趋势；85%的受访企业认为：推动企业履行社会责任的主要驱动力包括：应对非技术性贸易壁垒，诚信经营和节能减排政策要求；73%的受访企业呼吁尽快建立企业社会责任国家标准，并采取第三方认证/评价形式来推动社会责任。调查还显示，70%以上的企业表示：履行社会责任有助于积极应对国际贸易壁垒、提升品牌形象、推动诚信经营、加强节能减排、实现可持续发展。

3. 全社会都在行动促进企业履行社会责任

在企业社会责任理论与实践迅速发展背景下，全社会都在行动促进企业履行社会责任。2006年以来，国家电网、中国石化、中国纺织工业、中国柠檬酸行业、广东省食品(医药)行业等纷纷制定行业性企业社会责任评价标准或规范；2008年，国资委出台《关于中央企业履行社会责任的指导意见》，明确央企履行社会责任的总体要求；2008年，浦东新区、浙江义乌、江苏苏州等地方政府纷纷制定企业社会责任评价标准。

企业社会责任成为大势所趋的根本原因在于：

➢ 经济已经超越国界，企业向全球消费者提供产品，因此产品质量与企业诚信的影响越来越大；

➢ 保护员工权益，凝聚利益相关方力量，提升企业核心竞争力越来越成为企业发展的内在要求；

➢ 服务外包的发展使产品生产制造不再由某个企业独立完成，实现产业链上的共赢是所有企业的共同使命；

➢ 企业对资源的过度耗费和超标排放，使地球不堪重负，实现可持续发展是企业必须承担的责任。

二、积极开展企业社会责任标准和评价技术研究与实践

为了积极应对企业社会责任发展的形势，推动我国企业社会责任发展，2008年，国家科

技部在“十一五”科技支撑计划项目中，专门设立重点课题“劳动密集型企业社会责任核心要素及其基准研究”，由上海质量管理科学研究院承担。质科院的课题研究人员结合《企业社会责任》上海市地方标准制定和实践等相关经验的基础上，开展了大量的理论和实证研究。

推进社会责任标准研究，需要重点解决三个问题：一是系统识别适合现阶段中国国情的企业社会责任核心要素，二是制定形成中国企业社会责任标准，三是进行配套的综合评价技术开发。因此，我们有针对性地开发了三项关键技术。

1. 企业社会责任核心要素的确定

为了确定企业社会责任核心要素，我们设计了核心要素萃取技术，通过四个步骤实现。

一是广泛收集文献。我院历时1年，先后阅读整理了1 000余篇国际、国内有关企业社会责任的国际公约、相关标准、行为守则、法律法规、研究论文等文献资料；国内外有关，30余部学术专著，重点分析了49份责任标准，主要包括联合国、ISO等国际组织、ICTI等非政府组织、沃尔玛、耐克等跨国公司以及国资委、浦东新区等国内有关政府部门和海尔、电力、移动等企业的社会责任要求。

二是解读有关文献资料，应用文本分析法，初步提炼出涉及7个方面的80个企业社会责任主要构成要素。

三是根据不同要素被引用的频次和影响力，建立要素重要度评价模型，应用统计分析方法，筛选出58个企业社会责任主要构成要素。

四是开展核心要素的论证。在静态研究基础上，我们通过典型企业访谈、座谈会、专家走访、监管机构调研、问卷调查等形式，了解了企业对社会责任的需求和期望。我们在上海、浙江等五个省市，四个国际会议，就社会责任核心要素的构成开展问卷调查，累计发放问卷1 350份，回收有效问卷450份，并召开4次企业座谈会，涉及纺织、服装、玩具等行业的50多家企业，就核心要素的构成广泛征求意见，获得了大量的第一手资料。在文献分析、统计测评和调查走访基础上，最终确定企业所应履行的社会责任核心要素，包括顾客、环境、员工、合作伙伴、社区和投资方6个方面22个一级要素和44个二级要素。

2. 企业社会责任标准的制定

根据萃取技术中提取的44个核心要素，按照不同的相关方，我们从相关的法律法规、国际标准、跨国公司行为守则、国内地方标准和部门要求、企业社会责任报告等几方面，建立了标准条款知识地图。

利用标准条款知识地图，收集整理每一个要素所对应的相关要求，确定了最密切的相关条款。例如，针对“产品/服务安全”这一要素，共收集《产品质量法》等相关法律法规及标准、要求中紧密相关的条款要求14条，最终形成本标准中相应条款的具体规定。

为了确保企业社会责任的建立、实施和保持，课题组在标准中专设了“社会责任管理体系”部分，通过社会责任管理体系的建立，建立起了社会责任保障的长效机制。

最后，我们共形成《劳动密集型企业社会责任》标准（草案）、《企业社会责任》标准（草案）和示范企业社会责任标准（《上海大河针织有限公司社会责任》标准）等系列标准。

3. 企业社会责任综合评价技术

一个好的标准应该是可执行、可评价、可反馈，推进持续改进的。基于这个指导思想，我们设计了企业社会责任综合评价技术。其主要特点是采取定性评估和定量评价相结合，定性评估主要是为了社会责任认证，定量评价为了主要是社会责任评价。

定性评估技术。定性评估主要是符合性评估，步骤如下：

(1) 制定认证实践指南。我们依据 ISO 19011 标准要求，制定了可操作的《企业社会责任认证实施指南》，重点对文件评审、现场审核、审核报告的编写、后续活动的实施等内容，给出了明确规定，以方便审核机构参照实施。

(2) 制定《审核要点与方法》。列出了详细的企业社会责任认证审核要点与方法，对标准中每一项条款要求，都从“审核什么、如何审核”等角度，制定了详细的要求，为审核人员提供了重要参考依据。

(3) 开展企业认证实证。通过审核，对该企业在顾客、环境、员工、供方和社区等方面的企业社会责任履行情况进行了评估，形成企业社会责任审核报告，验证了《实施指南》和《审核要点与方法》的科学性、可操作性。

定量评价技术。为实现对企业履行社会责任情况科学、客观地评价，设计了企业社会责任定量评价技术，主要包括以下四个关键技术：

(1) 设计量化的评价指标体系。根据标准条款要求和核心要素的内涵，基于六个相关方，我们设计了包括 6 大类、22 小类、44 个具体测度指标的评价指标体系。

(2) 权重设定。利用层次分析法，对各项指标的重要度分别赋予了不同的权重。

(3) 评价方法与基准设定。借鉴卓越绩效模式的方法展开学习整合(ADLI)方法，针对每一项评价指标，我们均设定量化评分方法和基准，方便审核员对企业履行每项社会责任程度的评价。

(4) 量化评价模型设计。借鉴 CPI 等指数计算模型，我们建立了指数化评价模型，实现了不同行业、不同区域企业履行社会责任程度的比较。

4. 企业社会责任评价实践

按照企业社会责任定性评估模型和定量评价模型，我们对上海大河针织有限公司等 17 家企业进行了试点评价，取得了良好效果。

2009 年 3 月～9 月，我们在上海大河针织有限公司开展首次企业社会责任认证试点，帮助他们制定了企业标准，并在制定社会责任方针、目标、指标基础上，组织实施了企业社会责任认证试点。通过试点，改善了企业的社会责任绩效，使其内部经营管理更加和谐，在金融危机的大环境下，企业国际订单不但没有减少，反而因社会责任表现突出，赢得了耐克公司价值 6 061 万元的出口订单。

2010 年 1 月，我们在上海三枪集团针织九厂开展认证试点。通过与各层次员工交谈、现场观察，审查文件、记录等方法进行了为期两天的审核，提出了 16 条有针对性的改进建议。企业高层领导充分肯定了这次试点的成果，认为通过这次试点，企业对于“社会责任审核”发生了由“害怕到主动接受，再到全面了解和掌握”，对于企业的长期发展有着重大的意义。

三、企业社会责任标准和评价技术的特点

基于以上关键技术制定的标准，主要有三个特点：

1. 标准充分吸取了 ISO 26000 标准的合理因素，遵循可持续发展的理念，按照社会责任相关方进行展开。

2. 增加了管理体系要求，社会责任方针、目标、职能分配、内审和管理评审，确保社会责任落实到职能部门并得到实施和改进。

3. 评价方法上，实现了定性评估和定量评价相结合的评价技术，设计了社会责任评价指标体系和指标权重，确立了 ADLI 的评价方法，建立了社会责任指数模型，实现了不同行业、不同区域企业履行社会责任程度的比较。

后　记

本书是课题组与认证试点企业共同探索的结晶，在此研究过程中，中国认证认可协会、中国质量认证中心、中国计量学院、上海质量体系审核中心等单位与上海质量管理科学研究院一起，共同完成了国内外企业社会责任现状与发展、企业社会责任核心要素确定、企业社会责任标准制定和示范试点等工作。参与研究的课题组成员主要有：邓绩、金国强、孙纯一、沙嘉祥、田志友、李世群、刘恒江、庄维、王勤志等。同时，陈华、甄敏蔚、杨炳根、李明、苑辉、方华、蒋领伟等同志，也为本书的撰写做了大量工作。在此谨表示诚挚的敬意和衷心的感谢！

编著者

2011年8月30日